4コマまんが_{で考える}

学級モラル・教室マナーのルールBOOK

村野 聡 編

☀ 学芸みらい社
GAKUGEI MIRAISHA

まえがき

　特別活動は「学級活動」「児童会活動」「クラブ活動」「学校行事」から構成されている。例えば、学級活動の内容は大きく３つある。

（１）学級や学校における生活づくりへの参画

（２）日常の生活や学習への適応と自己の成長及び健康安全

（３）一人ひとりのキャリア形成と自己実現

　この中だけでも「学級内の組織づくり」「多様な集団の生活向上」「基本的な生活習慣」「よりよい人間関係の形成」「健康で安全な生活態度」「食育」「キャリア教育」「学校図書館の活用」など多様な内容が含まれている。

　内容にもよるが、朝の時間やちょっとした隙間の時間にこのような指導をすることが現場では多いはずである。10分から15分程度の指導である。このような場面で活用できる教材があればどんなに便利だろうか。

　本書はこれまであまり手がつけられてこなかった「特別活動のワークシート化」に挑んだ。教材のメインに「４コマまんが」を据えた。４コマまんがを読みながら10分から15分程度の時間で効果的に指導内容を身に付けさせるための教材である。

　さらに本書では「国民の祝日指導」「毎月の生活目標の指導」「プチ道徳授業」（全内容項目を網羅）も４コマまんがを使った教材として掲載した。

　学校生活の至る所で使用場面が考えられると思う。ぜひ、年間指導計画に本教材を取り入れて実践していただきたい。

　本書の企画は学芸みらい社の樋口雅子氏からいただいた。４コマまんがの可能性をさらに広げる提案をいただき、今回の出版へとつながった。ここに感謝の意を表する。

平成最後の３月

村野　聡

本書の使い方

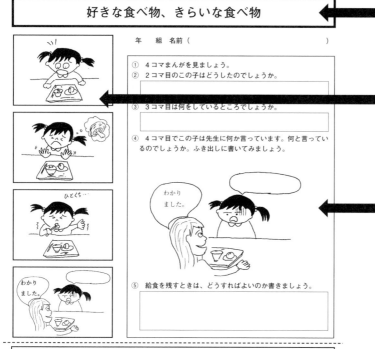

指導テーマ
指導内容を表しています。

4コマまんが
指導内容に関する4コマまんがです。まずは4コマまんがを読ませます。

ワークシート
発問や指導にしたがって作業するためのワークシートです。本教材は、このシート以外に何も必要としません。

プチ指導案
授業の簡単な指導案です。児童の反応例などを参考にして授業してください。
この部分を切り取って印刷し、児童に配布します。

　本ワークシートを使用した後、この4コマまんがを使って「4コマまんが作文」を書かせると、指導内容がよりよく身に付きます。また、作文力もアップします。
　ぜひ、一粒で二度おいしい指導法をお試しください。「4コマまんが作文」の詳しい書かせ方は右の本を参考にしてください。

『子どもが一瞬で書き出す！"4コマまんが"作文マジック』
村野聡著　学芸みらい社刊

もくじ

まえがき　2
本書の使い方　3

第Ⅰ部　学校生活のきまり・マナー
〜登校から下校まで〜

＊こんな行為はやめよう！　NG場面 …… 9, 10

❶ 朝の時間編

1　朝のしたくの仕方 ……………………………… 11
2　トイレの使い方 ………………………………… 12

❷ 係り・当番編

3　そうじはさぼっちゃいけない ……………… 13
4　給食当番が手を洗わなかったら …………… 14
5　係り活動はみんなを楽しませよう ………… 15
6　当番活動は責任をもって …………………… 16

❸ 授業態度編

7　授業中の座り方 ……………………………… 17
8　えんぴつの持ち方 …………………………… 18
9　発言の仕方 …………………………………… 19
10　チャイム着席しよう ……………………… 20
11　次の授業の準備をしよう ………………… 21

❹ 食育編

12　給食のマナー ……………………………… 22
13　好きな食べ物、きらいな食べ物 ………… 23
14　栄養バランスのよい食事 ………………… 24
15　食の大切さ ………………………………… 25
16　おやつの食べ過ぎに注意 ………………… 26
17　おせち料理の意味 ………………………… 27
18　三度の食事を ……………………………… 28

❺ 休み時間編

19　ボールを片づけるのはだれ？ …………… 29
20　遊ぶときのきまりや約束を守ろう ……… 30
21　道具や遊具を大切にし、正しく使おう …… 31

4

	22	運動場での遊び方	32
	23	雪の日の校庭での遊び方	33
	24	雨の日の教室での過ごし方	34

❻ クラブ・委員会編

	25	委員会の仕事を理解しよう	35
	26	行事のスローガンを考えよう	36
	27	クラブ活動が始まる！	37
	28	委員会活動って？	38
	29	高学年の自覚をもって	39

❼ 下校のルール・マナー編

	30	登下校の注意	40
	31	ふみきりの安全なわたり方	41
	32	まっすぐ家に帰ろう（寄り道せずに）	42

第Ⅱ部　学級生活が安定する学級モラル・ルールづくり

＊こんな行為はやめよう！　NG 場面 …… 43, 44

❶ 生活目標編

33	4月	だれにでもあいさつをしよう	45
34	5月	大きな声で返事をしよう	46
35	6月	時間を守ろう	47
36	7月	身のまわりの整理整とんをしよう	48
37	8月	夏の暑さに負けないようにしよう（熱中症対策）	49
38	9月	忘れ物に気をつけよう	50
39	10月	友達をさそって遊ぼう	51
40	11月	ろうかは静かに歩こう	52
41	12月	そうじは全力で	53
42	1月	手洗い、うがいをしよう（インフルエンザ対策）	54
43	2月	いすやくつの入れ方に気を配ろう	55
44	3月	1年間のまとめをしよう	56

❷ 安全な生活編

45	プールでの注意	57
46	ろうかや階段の歩き方	58
47	留守番のときの注意	59
48	友達の名前や電話番号を知らない人に伝えない	60

49	「いかのおすし」の約束を守ろう	……	61
50	「子供110番の家」の場所を確認しよう	……	62
51	事件や事故にあったら、だれに連絡する？	……	63
52	万引きは犯罪	……	64
53	薬物乱用のきょうふ	……	65
54	火災のときのひなん方法	……	66
55	地しんのときのひなん方法	……	67
56	不審者が侵入したときのひなん方法	……	68

❸ 行事・施設利用・長期休業編

57	電車の中での過ごし方	……	69
58	バス遠足のマナー	……	70
59	登山の注意	……	71
60	宿泊学習のマナー	……	72
61	鑑賞教室のマナー	……	73
62	展覧会のマナー	……	74
63	音楽会のマナー	……	75
64	学校図書館利用のマナー	……	76
65	体育館使用上の注意	……	77
66	夏休みの生活	……	78
67	冬休みの生活	……	79
68	春休みの生活	……	80
69	なやみを相談する大人は……	……	81

❹ 友達関係編

70	マイナス言葉をプラス言葉にしよう	……	82
71	暴力以外の方法を考えよう	……	83
72	ルールは何のためにあるのだろう	……	84
73	いじめをなくそう	……	85
74	友達の喜ぶことをしよう	……	86
75	信頼貯金をためよう	……	87
76	自分のゴミじゃないけど……	……	88
77	友達のよいところはどこだろう？	……	89
78	まずは自分からやってみよう	……	90
79	どんなふうに伝えればよい？	……	91
80	班の人と協力しよう	……	92

第Ⅲ部　社会生活のきまり・マナー
～大人への階段の上り方～

＊こんな行為はやめよう！　NG場面　……　93, 94

❶ 情報リテラシー編
81	スマホやタブレットの使い方 ……………………	95
82	友達や自分の情報に気をつけよう ………………	96
83	ネットけい示板の書きこみには注意 ……………	97
84	ウイルスやスパムメールに注意 …………………	98
85	ゲームのやり過ぎに注意 …………………………	99

❷ 国民の祝日編
86	「元日」と「元旦」は何がちがう？ ……………	100
87	「建国記念の日」って、どんな日？ ……………	101
88	「春分の日」って、どんな日？ …………………	102
89	「憲法記念日」って、どんな日？ ………………	103
90	「こどもの日」って、どんな日？ ………………	104
91	「海の日」と「山の日」って、どんな日？ ……	105
92	「敬老の日」って、どんな日？ …………………	106
93	「体育の日」って、どんな日？ …………………	107
94	「勤労感謝の日」って、どんな日？ ……………	108
95	「の」のある祝日、ない祝日 ……………………	109

❸ 交通事故防止編
96	安全に歩こう ……………………………………	110
97	通学路を守ろう …………………………………	111
98	交差点を横断するときは ………………………	112
99	みんなでいっしょに歩くときは ………………	113
100	自転車の安全な乗り方 …………………………	114
101	自転車のルール …………………………………	115
102	車がとまっていても ……………………………	116

❹ キャリア教育編
103	新学期の目標 ……………………………………	117
104	将来どんな職業に ………………………………	118
105	将来のためには …………………………………	119
106	目標とする人は？ ………………………………	120

❺ 道徳編
107	悪口に対して、何て言う？ ……………………	121

7

108	友達の作品をこわしてしまった……	122
109	学校から帰る途中で	123
110	将来の夢は？	124
111	がんばろうという気持ち	125
112	偉人から学ぼう	126
113	友達に親切にしよう	127
114	しかられてしまったけれど……	128
115	言葉づかいに気をつけよう	129
116	いっしょに行く？　断る？	130
117	意見の伝え方を考えよう	131
118	子供だけで行ってはいけないのに……	132
119	あなたにできることは？	133
120	みんなのために活動しよう	134
121	家族っていいな	135
122	あなたのクラスの良いところは？	136
123	おせち料理の意味は？	137
124	日本の良さを考えよう	138
125	外国から転入生が来た！	139
126	どうして命を大切にするのだろう？	140
127	植物を大切にするとは？	141
128	「きれいだなあ」と思った景色	142
129	谷真海さんから学ぶ	143

第Ⅰ部 学校生活のきまり・マナー 〜登校から下校まで〜

＊こんな行為はやめよう！　NG場面

登校編

朝、登校するとき、こんな子いませんか？

夜更かしで眠くて挨拶もできない子

友達と横に広がって、周りの人に迷惑をかけている子

夢中になって走って、小さい子や自転車とぶつかりそうになっている子

健康で安全な朝について、みんなで考えてみようね！

＊こんな行為はやめよう！　NG場面

> 下校編

帰り道、ちょっとくらいなら…、という気になって、こんなことをしてしまう子はいませんか？

おもしろがってピンポンダッシュ

友達の家に上がり込んでついついゲーム

知らないうちにたくさんの人に迷惑をかけてしまっているかもしれません。
どうすればよかった？　あなたなら、どうしますか？

朝の時間編

朝のしたくの仕方

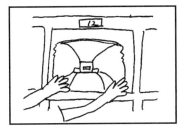

年　　組　名前（　　　　　　　　　　　）

① 4コマまんがを見ましょう。

② 一日のいつの場面ですか。

③ 2コマ目と3コマ目は何をしていますか。

④ この子は4コマ目で何をしたらよいでしょうか。イラストや文で書きましょう。

（2つ書ける子は書きましょう。）

⑤ 決まったことを書きましょう。

1　使用場面　朝の支度の仕方を指導する学期はじめ
2　ねらい　学級の朝の支度の手順を決める。
3　指導例
　・プリントを配り、①から③までの指示、発問をする。（②朝　③2コマ目…ランドセルの中身を机の中へ入れている。　3コマ目…ランドセルをロッカーへ入れている。）
　・④の発問で「次の行動」を考えさせる。
　　例「席について待つ。」「トイレに行く。」「1時間目の準備をする。」「読書」「係・当番の仕事をする。」
　・子どもの発表を取り上げながら、自分たちの学級ではどうするか決め、⑤の四角に書き込む。

朝の時間編

トイレの使い方

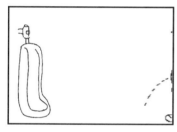

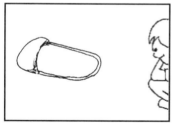

年　　組　名前（　　　　　　　　　　　）

① 4コマまんがを見ましょう。

② 男の子と女の子は何をしているのですか。

③ 2人ともこの場所でおしっこしたらどうなるでしょうか。

④ 2人はどうすればよいのでしょうか。下にイラストや文で書きましょう。

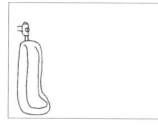 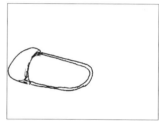

⑤ 上のように書いた理由を書きましょう。

⑥ 今日、勉強になったのはどんなことですか。

- -

1　使用場面　トイレの使い方の初期指導・トイレの使い方が気になるとき

2　ねらい　「あと一歩前に出て」トイレを使うように意識づける。

3　指導例

- プリントを配り、①から③までの指示、発問をする。（②おしっこ　③便器に届かない。床を汚す。）
- ④の発問で「トイレを汚さないようにするための方法」ということを強調して書かせる。
- ⑤の指示でそう考えた理由を書かせ、発表させる。例「もっと前に出れば床を汚さないから。」
- 教師が「あと一歩前に出てトイレを使おう」ということを話す。
- 「今日、勉強になったこと」を書く。例「トイレを汚さない使い方が分かった。」

係り・当番編

そうじはさぼっちゃいけない

年　　組　名前（　　　　　　　　　　）

① 4コマまんがを見ましょう。
② 何の時間ですか。

③ 男の子は何をしていますか。

④ 男の子のしていることをどう思いますか。かじょう書きしましょう。

⑤ みんなが男の子の友達だったら、男の子に何と声をかけますか。書きましょう。

1　使用場面　掃除が始まる前・掃除をさぼる子がいるとき
2　ねらい　掃除は友達と協力して全力で行うことを理解する。
3　指導例
・プリントを配り、①から③までの指示、発問をする。（②掃除の時間　③そうじをさぼっている。）
・④の発問で、男の子のしていることに対する意見をたくさん書かせ、発表させる。
　例「みんなの迷惑になっている」「掃除を一生懸命にやっていないのはよくない」
・⑤の発問で、自分ならどう男の子に声をかけるか考えさせ、発表させる。
　例「みんな一生懸命に掃除しているよ。」「迷惑なことはやめてね。」「先生に話すよ。」

係り・当番編

給食当番が手を洗わなかったら……

年　　組　名前（　　　　　　　　　　　）

① 4コマまんがを見ましょう。

② どんなお話ですか。

③ 4コマ目でバイキン君がうれしそうに何か言っています。考えて、4コマ目のふき出しに書きましょう。

④ 給食当番が手を洗わないと、どんなこまったことが起こるでしょうか。かじょう書きしましょう。

⑤ 今日の学習の感想を書きましょう。

1　使用場面　給食が始まる前・給食当番が手を洗っていない可能性があるとき・冬場

2　ねらい　給食当番が手を洗わないと、みんなが困る可能性があることを知る。

3　指導例

・プリントを配り、①から③までの指示、発問をする。
　③の例「みんなの体に入っていくぞ。」「病気にしてやる。」「手を洗わない子大好き！」
・④の発問で、なぜ手を洗わないといけないのか具体的にとらえさせる。
　例「病気になる。」「きたない。」「食中毒が起きる。」
・⑤を書かせる。「今日の学習の感想が書けた子は、立って発表しましょう。」
　例「給食当番になったら必ず手を洗うようにしたいです。」

係り・当番編

係り活動はみんなを楽しませよう

年　　組　名前（　　　　　　　　　　）

① 4コマまんがを見ましょう。

② これは係り活動をしているところです。どんな係りか考えて書きましょう。

1コマ目の係り

2コマ目の係り

3コマ目の係り

③ 3つの係りに共通していることは何ですか。

④ どんな楽しい係りをつくってみたいですか。4コマ目のふき出しにイラストや文字で書きましょう。

⑤ たくさんアイディアがある子は、下の四角にも係りを書いてみましょう。

1　使用場面　係り活動をつくるとき
2　ねらい　係り活動は学級を楽しくするための組織であることを理解してつくることができる。
3　指導例
・②の発問で、それぞれのイラストがどんな係りなのか考えさせて書かせる。
　1コマ目→クイズ係　2コマ目→新聞係　3コマ目→遊び係（遊びの計画）
・③の発問で「みんなを楽しませている」という共通点に気付かせたい。
・④の発問でみんなを楽しませる係りを考えさせる。たくさん考えられる子は⑤にも書かせる。
・学級の係りを確定していく。

係り・当番編

当番活動は責任をもって

年　　組　名前（　　　　　　　　　　　　）

① 4コママンガを見ましょう。

② それぞれ何の当番活動をしているのでしょう。

1コマ目の当番

と

2コマ目の当番

と

3コマ目の当番

③ もし、当番活動をしない人がいたらどうなりますか。

④ あなたは当番活動をどう行っていくか書きましょう。

1　使用場面　当番活動をつくるとき、つくった直後
2　ねらい　当番活動は一人ひとりが責任をもって行わなくてはいけないことを学ぶ。
3　指導例
　・②の発問で、それぞれのイラストがどんな当番活動なのか考えさせて書かせる。
　　1コマ目→ノート配り当番と窓あけ当番　2コマ目→水やり当番と黒板消し当番
　　3コマ目→日直書き当番
　・③の発問で「みんなが困る」という意見を引き出したい。
　・④の発問で自分が当番活動を行うときの決意を書かせる。全員に発表させるとよい。
　　例「手を抜かない。」「みんなのためにがんばる。」

授業態度編

授業中の座り方

年　　組　名前（　　　　　　　　　）

せすじさん

まるせくん

たかすぎさん

ゆれるくん
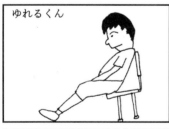

① 4コマまんがを見ましょう。
② 4人の授業中の座り方を比べて、座り方の悪い2人はどの子ですか。

③ どんなところが「悪い座り方」だと思いましたか。

④ いすが合わない子はどの子ですか。

⑤ 座り方がよい子はどんな座り方をしていますか。かじょう書きしましょう。

1
2
3
4

⑥ よい座り方をしてみましょう。

1　使用場面　4月の黄金の3日間　椅子の座り方が悪いとき
2　ねらい　よい座り方を実践しようとする。
3　指導例
・①②で4人の座り方を比較し、「座り方が悪い子」を確定する。答え「まるせ」と「ゆれる」
・③では悪い座り方だと思った理由を書かせる。
　例「まるせ」→背中が丸まっている。「ゆれる」→椅子をガタガタさせている。
・④では椅子の高さが合わない子（たかすぎさん）を指摘させる。
・⑤では座り方のよい子（せすじさん）の座り方のよさを箇条書きさせる。
　例「背がまっすぐ。」「足裏が下についている。」「ひざが90度に曲がっている。」「背がついていない。」
・⑥で実践してみる。

授業態度編

えんぴつの持ち方

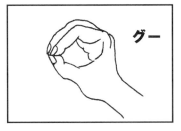 グー

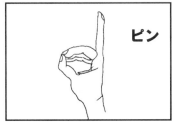 ピン

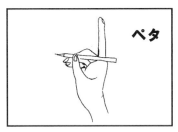 ペタ

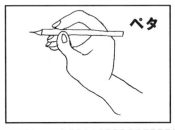 ペタ

年　　組　名前（　　　　　　　　　　　　）

① 4コマまんが（?）を見ましょう。

② 1コマ目のように、5本のゆびでグーをつくりましょう。ひとさしゆびとおやゆびをくっつけます。

③ 2コマ目のように、ひとさしゆびだけピンと立てましょう。

④ 3コマ目のように、えんぴつをのせてから、おやゆびをえんぴつにペタッとおきます。（おやゆびとなかゆびでえんぴつをはさみます。）

⑤ 4コマ目のように、ひとさしゆびをえんぴつにペタッとのせます。（ひとさしゆびはおやゆびよりも前に出します。）

⑥ ①〜⑤をくりかえし、練習してみましょう。

⑦ 正しいえんぴつの持ち方で、下の文字をなぞりましょう。

1　使用場面　鉛筆の持ち方を教えるとき

2　ねらい　正しい鉛筆の持ち方を理解し、正しい鉛筆の持ち方で文字が書けるようにする。

3　指導例

・「今日は正しい鉛筆の持ち方を勉強しましょう。」
・②では、親指と人差し指をくっつけるようにグーをつくらせる。
・③では、人差し指だけをピンと立てさせる。
・④では、鉛筆を中指の第一関節と人差し指の付け根に鉛筆を置かせる。
・⑤で完成。
・⑥で何度か練習させる。
・⑦で「えんぴつ」の文字を実際になぞらせる。

授業態度編

発言の仕方

年　　組　名前（　　　　　　　　　　）

① 4コマまんがを見ましょう。

② どんなお話ですか。

③ 発言をするときに気をつけなければいけないことは何コマ目に書いてありますか。　　　　　　コマ目

④ どうして先生にさされる前に答えを言ってはいけないのですか。書きましょう。

⑤ 発言するときに気をつけることをまとめて書きましょう。

⑥ 返事と手のあげ方を実際に練習してみましょう。

1　使用場面　発言の仕方を教えるとき・勝手な発言が多いとき
2　ねらい　　発言するときは挙手して指名されてから答えることを覚える。
3　指導例
・プリントを配り、①から③までの指示、発問をする。（③2コマ目）
・④の発問をして、発表させる。
　例「みんなも考えているから。」「答えが分かったらつまらなくなる。」
・⑤の指示を出して発表させる。
　例「先生にさされてから答える。」「返事をする。」「手はアスパラガス」「勝手に言わない。」
・⑥で返事と挙手の練習をさせる。上手にできたら思いきりほめる。

授業態度編

チャイム着席しよう

年　組　名前（　　　　　　　　　　）

① 4コマまんがを見ましょう。
② 1コマ目は休み時間の様子です。何をしていますか。

③ 2コマ目は何が起きたのですか。

④ 4コマ目の様子から考えて、2人は3コマ目でどんな会話をしたと思いますか。想像してふき出しに書きましょう。

⑤ チャイム着席にはどんな得がありますか。

⑥ 練習してみましょう。

- -

1　使用場面　4月の授業開き直後や着席にほころびが出始めた時期
2　ねらい　チャイムで着席することのよさを理解し、実行できるようにする。
3　指導例
- ①〜③の発問、指示を行い、答えさせる。（②休み時間の会話　③授業開始のチャイムが鳴る。）
- 「4コマ目を見なさい。2人はどうしていますか。（着席している。）着席していますね。」
- 「4コマ目の様子から考えて、2人は3コマ目でどんな会話をしたと思いますか。想像してふき出しに書きましょう。」　例「チャイムが鳴ったから席に着こう。」「そうしよう。」
- 「チャイム着席にはどんな得がありますか。書きましょう。」　例「授業にすぐ入れる。」発表させ、チャイム着席の練習をする。

授業態度編

次の授業の準備をしよう

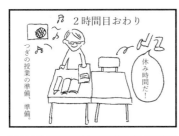

年　　組　名前（　　　　　　　　　　　）

① 4コマまんがを見ましょう。

② どんなお話ですか。

③ 休み時間に次の授業の準備をしておかないと、損することは何ですか。

④ 休み時間に次の授業の準備をしておくと、得することは何ですか。

⑤ ③と④をくらべてみて、あなたはこれからどうしていきたいですか。

1　使用場面　次の授業の準備をさせたいとき
2　ねらい　休み時間の間に次の授業の準備をしておくことのよさを知る。
3　指導例
・プリントを配り、①から②までの指示、発問をする。
・③の発問で、次の授業の準備をしないと損することを書かせ、発表させる。
　例「授業に遅れる。」
・④の発問で、次の授業の準備をすると得することを書かせ、発表させる。
　例「授業にすぐ入れる。」
・⑤の発問で、これから自分はどうしていきたいのか考えさせる。
　「⑤が書けた子は発表しなさい。」　例「授業準備してから休み時間にします。」

食育編

給食のマナー

年　　組　名前（　　　　　　　　　　　）

① 4コマまんがを見ましょう。

② この子の給食の食べ方（マナー）のよくないところをかじょう書きにしましょう。

③ 給食を食べるときのマナーはどうしたらよいでしょうか。書きましょう。

1　使用場面　給食指導前のマナー指導

2　ねらい　給食を食べるときのマナーを知り、実行できるようにする。

3　指導例
- プリントを配り4コマまんがを読ませる。
- ②の発問で、まんがの男の子のマナーの悪いところをたくさん箇条書きさせ、発表させる。
  例…①口の中が見える。②つばをとばしてしゃべっている。③ひじつきしている。④食後が汚い。
- ③の発問で給食中のマナーについて書かせ、発表させる。
  例「口は閉じて食べる。」「ひじつきしない。」
- 実際の給食の場面で実践する。

食育編

好きな食べ物、きらいな食べ物

年　　組　名前（　　　　　　　　　　　）

① 4コマまんがを見ましょう。
② 2コマ目のこの子はどうしたのでしょうか。

③ 3コマ目は何をしているところでしょうか。

④ 4コマ目でこの子は先生に何か言っています。何と言っているのでしょうか。ふき出しに書いてみましょう。

⑤ 給食を残すときは、どうすればよいのか書きましょう。

1　使用場面　給食指導の前
2　ねらい　給食の中の「嫌いな物」を残すときのルールを知り、実際にできるようにする。
3　指導例
　・プリントを配り、①から③までの指示、発問をする。
　　（①②嫌いなしいたけが給食に入っていた。③嫌いなしいたけを一口だけがんばって食べている。）
　・④の発問で「給食を残すとき」何と言えばよいのかを考えさせる。
　　例「一口食べました。」「お口に合いません。」「一口食べたので残していいですか。」
　・一口食べてみることを奨励する。一口食べたら残してもよいことにする。
　・給食を残すときの「一言」を個人や学級で決めて、⑤の四角に書き込ませる。

食育編

栄養バランスのよい食事

年　　組　名前（　　　　　　　　　　　）

① 4コマまんがを見ましょう。

② 栄養バランスのよい食事はどちらでしょうか。そう思う方に○をつけましょう。

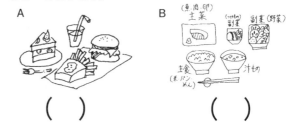

A （　　）　　　B （　　）

③ 栄養バランスがよいと思ったのはどうしてですか。

④ 日本の栄養バランスのよい伝統的な食事について、次のことを調べたり聞いたりしましょう。

一汁三菜(いちじゅうさんさい)
ユネスコ無形文化遺産

1　使用場面　食育の授業
2　ねらい　伝統的な和食は栄養バランスがよく、ユネスコ無形文化財にも登録されていることを知る。
3　指導例
・①〜③の発問、指示をする。②については「和食」の方に○をつける子が多いことが予想される。
・③では、「Bは野菜が多いから」「Bの和食は脂っこくないから」などが書かれると予想される。
・④では、和食についてのキーワードを調べさせたり、教師が説明したりして授業を終える。
一汁三菜（いちじゅうさんさい）…日本料理の献立およびメニューの1つ。一汁は汁物を1品、三菜は料理を3品という意味である。栄養バランスのよいメニューと言われている。
ユネスコ無形文化遺産…無形文化遺産（芸能などの無形の文化）を保護し、相互に尊重する機運を高めるため、「人類の無形文化遺産の代表的な一覧表（代表一覧表）」というリストを作成している。

食育編

食の大切さ

年　組　名前（　　　　　　　　　　）

① ４コマまんがを見ましょう。
② 給食が始まろうとしています。２コマ目の男の子は、食べる前に何かを考えています。何を考えたのでしょうか。ふき出しに書いてみましょう。

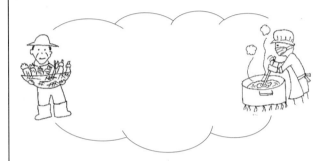

③ ３コマ目のあいさつにはどんな意味がこめられているのでしょうか。

④ ４コマ目のあいさつにはどんな意味がこめられているのでしょうか。

1　使用場面　給食指導の前
2　ねらい　生産者や給食を作っている人、食材に感謝して給食を食べる態度を育む。
3　指導例
・②では、「生産者」「給食を作っている人」を思い出していることに気付かせる。
・③④では子どもに予想を発表させた後、「いただきます」「ごちそうさま」の意味を伝える。
　③「食事にかかわった人への感謝、そして何よりも犠牲になった食材への感謝の意味があります。」
　④「ご馳走様の『馳』と『走』、どちらの漢字にも『走る』という意味があり、食事を作るのに遠くまで走って食材を調達し食事を用意してくれたことに対する感謝を表しています。」（諸説存在する）

食育編

おやつの食べ過ぎに注意

年　　組　名前（　　　　　　　　　　　）

① 4コマまんがを見ましょう。どんなお話ですか。

② この子は合計何キロカロリーのおやつを食べたことになりますか。計算しましょう。

③ 小学生に必要な一日のカロリーは以下のとおりです。この子のおやつの食べ方はどうでしょうか。

　Ⅰ　活動レベルが低い子供の場合
　　6～7（歳）　　1,350（男）／1,250（女）
　　8～9（歳）　　1,600（男）／1,500（女）
　　10～11（歳）　1,950（男）／1,750（女）
　Ⅱ　活動レベルが普通の子供の場合
　　6～7（歳）　　1,550（男）／1,450（女）
　　8～9（歳）　　1,800（男）／1,700（女）
　　10～11（歳）　2,250（男）／2,000（女）
　Ⅲ　活動レベルが高い子供の場合
　　6～7（歳）　　1,700（男）／1,650（女）
　　8～9（歳）　　2,050（男）／1,900（女）
　　10～11（歳）　2,500（男）／2,250（女）

④ おやつの食べ方で気をつけることを書きましょう。

1　使用場面　食育の必要性があったとき
2　ねらい　おやつの食べ過ぎに注意できるようにする。
3　指導例
・①では4コマまんがのストーリーを確認する。
・②では計算するとちょうど1000キロカロリーになる。
・③のカロリー表を見せて、男の子のカロリーが取り過ぎであることに気付かせる。カロリーの取り過ぎは肥満等になることを話す。（教える学年に対応したカロリーを見るようにさせる。）
・④で「おやつの食べ方」で気を付けることを書かせる。例「お菓子のカロリー表示を見る。」

食育編

おせち料理の意味

年　組　名前（　　　　　　　　　　）

おせち料理は四段の重箱に入れるのが正式です。

一の重には祝い肴（黒豆・数の子・田作り・たたきごぼう）・口取り（かまぼこ・きんとん・だて巻き・昆布巻き等）をつめます。
二の重には、焼き物をつめます。主に魚介類がこれに当たります。

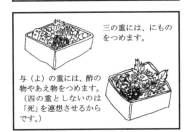
三の重には、にものをつめます。
与（よ）の重には、酢の物やあえ物をつめます。（四の重としないのは「死」を連想させるからです。）

五段の重箱の場合、五の重には、何もつめません。

① 4コマまんがの1コマ目を見ましょう。おせち料理は四段の「重箱」に入れるのが正式です。箱を重ねるのは、

福を　□　ねる。

という意味がこめられているからです。

② 2コマ目から3コマ目まではそれぞれの重箱につめるものが書かれています。読んでみましょう。

③ 次のものはどの重につめますか。（ ）に書きましょう。

かまぼこ（　　　）　焼き魚（　　　）

しいたけ（　　　）　酢の物（　　　）

え び（　　　）　黒 豆（　　　）

④ 4コマ目の「五の重」には何もつめません、どうしてか予想しましょう。

⑤ 家で調べてみましょう。

1　使用場面　冬休み前や直後
2　ねらい　おせち料理を重箱につめる意味を知り（諸説ある）、日本の伝統文化に触れる。
3　指導例　　　　　　　　（個々のおせち料理の意味については本書P137に掲載してある。）
・①で1コマ目を読ませ、□に入る言葉を考えさせる。　答え「重」
・②で2コマ目、3コマ目を読ませ、二の重から与の重までにつめられる食品を知らせる。
・③に示された食品がどの重につめられるか書く。答え　かまぼこ（一の重）、焼き魚（二の重）、しいたけ（三の重）、酢の物（与の重）、えび（二の重）、黒豆（一の重）
・④で五の重に何も入れない理由を考えて書く。発表させ、家で調べさせる。
　例「残り物を入れる。」
　＊五の重には年神様から授かった福をつめる場所として空けておく風習がある。

27

食育編

三度の食事を

年　　組　名前（　　　　　　　　　　）

① 4コマまんがを見ましょう。どんなお話ですか。

② 2コマ目は1時間目の授業の様子です。男の子はどんな様子ですか。

③ 3コマ目はこの日の給食の様子です。男の子の食べ方はどんな様子ですか。

④ 4コマ目はこの日の帰宅後の夕食の様子です。男の子の食べ方はどんな様子ですか。

⑤ 朝食をぬくとどんな問題がありますか。4コマまんがを参考に考えましょう。

⑥ 朝食をきちんと食べるために男の子は生活をどう改善したらよいでしょうか。

1　使用場面　朝食を食べてこない子が教室にいるとき（家庭の事情に配慮が必要）

2　ねらい　一日三食を取るようにする。

3　指導例

・①で4コマまんがのストーリーを確認する。

・②で「学習に集中していない様子」を、③④では「大食いをしている様子」を読み取らせる。

・⑤では、朝食をぬいた場合のリスクを考えさせる。例えば、「脳のエネルギー源のブドウ糖が不足するため、集中力や記憶力の低下につながる」「かえって肥満につながる」ということを知らせる。

・⑥では「早寝早起き」「ゲームの時間を決める」などの対策を考えさせ、発表させる。

休み時間編

ボールを片づけるのはだれ？

年　組　名前（　　　　　　　　　　）

① 4コマまんがを見ましょう。

② どんなお話ですか。

③ 4コマ目のふき出しのせりふを書きましょう。

　㋐

　㋑

④ 4コマ目の正しい行動を絵や文で表しましょう。

1　使用場面　安全指導（学校のルール）　道徳（規則の尊重）
2　ねらい　使った道具（ボール）は、きちんと片付ける態度を養う。
3　指導例
　・ワークシートを配布し、①②の指示、発問をする。
　・③の発問をし、③の枠の言葉を予想させ、発表させる。
　　例「お前が最後に触ってただろう。」「どうして取らないんだよ。」
　・④の発問、指示をし、④の枠に正しい行動に書きかえさせ、班で交流し、班の中で代表者を決めて発表させる。
　　例「使ったからきちんと片付けよう。」「僕が片付けておくよ。」

29

休み時間編

遊ぶときのきまりや約束を守ろう

年　　組　名前（　　　　　　　　　　　）

① 4コマまんがを見ましょう。

② どんなお話ですか。

③ 4コマ目の男の子の行動はよいか、悪いか。それはどうしてですか。

④ 男の子に何と声をかけますか。

⑤ 他に守らなければいけない休み時間の約束やきまりは何ですか。

1　使用場面　休み時間のきまりを指導する。（学級活動・朝の会）
2　ねらい　休み時間のきまりや約束を守らせる。
3　指導例

・ワークシートを配布し、①②の指示、発問をする。
・③の発問と指示をし、③の枠に書かせ、全体に発表させる。
　例「次の授業に遅れると、クラスに迷惑がかかるから。」「時間を守ることは大切だから。」
・④の発問をし、④の枠に書かせ、全体に発表させる。
　例「続きは後でやろう。」「授業が始まるよ。」
・⑤の発問をし、⑤の枠に書かせ、全体に発表させる。
　例「大きく場所を取らない。」「周りに人がいないか確認する。」

休み時間編

道具や遊具を大切にし、正しく使おう

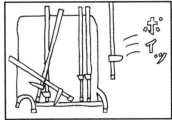

年　　組　名前（　　　　　　　　　　）

① 4コマまんがを見ましょう。

② どんなお話ですか。

③ 4コマ目の男の子は何と言ったでしょうか。ふき出しに書きましょう。

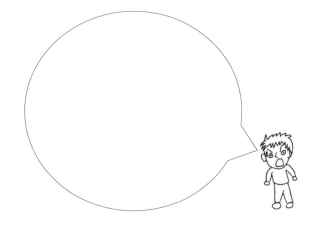

④ 道具や遊具を使うときに大切なことは何ですか。

1　使用場面　休み時間の道具や遊具の使い方を指導するとき
2　ねらい　道具や遊具を大切にし、安全に遊ぼうとする態度を育む。
3　指導例
　・ワークシートを配布し、①②の指示、発問をする。
　・③の発問、指示をし、③の枠に書かせ、全体に発表させる。
　　例「わざとじゃないんだ。」「竹馬が倒れると思っていなかった。」
　・「男の子の何がいけなかったのですか」と発問し、隣同士で発表させる。
　　例「竹馬を投げたこと。」「物を大切にしていないこと。」
　・④の発問をし、④の枠に書かせ、全体に発表させる。
　　例「物を投げない。」「正しい使い方をする。」

休み時間編

運動場での遊び方

年　　組　名前（　　　　　　　　　　　）

① 4コマまんがを見ましょう。

② どんなお話ですか。

③ 4コマ目の男の子の意見に賛成ですか。反対ですか。どちらかに丸をつけて理由を書きましょう。

（　　）賛成　　　　（　　）反対

理由

④ いっしょに遊んでいたあなたは、男の子に何と声をかけますか。

⑤ 他に運動場で遊ぶときに気をつけるとよいことは何ですか。

1　使用場面　運動場での遊び方を指導する。（学級活動・朝の会）
2　ねらい　運動場での遊び方を考える。
3　指導例
・ワークシートを配布し、①②の指示、発問をする。
・③の発問、指示をし、発表させる。
　例「ぶつけてしまったから。」「運動場はみんなの場所だから。」
・④の発問をし、④の枠に書かせ、班の中や全体に発表させる。
　例「ぶつけたからあやまろうよ。」「自分たちだけが遊んでいるんじゃないから気をつけよう。」
・⑤の発問をし、⑤の枠に書かせ、全体に発表させる。
　例「遊ぶ前に場所を考える。」「ボールを使うときは周りに人がいないことを確認する。」

休み時間編

雪の日の校庭での遊び方

年　　組　名前（　　　　　　　　　　）

① 4コマまんがを見ましょう。

② どんなお話ですか。

③ いけない行動をしている友達にあなたなら何と言いますか。わくの中に書きましょう。

④ あなたなら、どのような安全な雪遊びをしますか。わくの中に絵や文で表しましょう。

1　使用場面　雪遊びをするときに気を付けることを指導する。（学級活動・朝の会）
2　ねらい　安全な雪遊びについて考えさせる。
3　指導例
・ワークシートを配布し、①②の指示、発問をする。
・「男の子の行動でいけなかったことは何ですか」と発問し、隣同士で発表させる。
　　例「ガラスに向かって雪玉を投げていること。」「建物に向けて投げていること。」
・③の発問をし、③の枠の中に書かせ、全体に発表させる。
　　例「窓が割れたら危ないよ。」「違う場所で投げようよ。」
・④の発問をし、④の枠に書かせ、全体に発表させる。
　　例「雪で的を作って、そこに向けて投げる。」「雪玉を遠くまで投げる競争をする。」

休み時間編

雨の日の教室での過ごし方

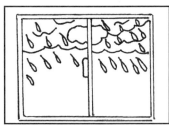

年　　組　名前（　　　　　　　　　　　）

① 4コマまんがを見ましょう。

② どんなお話ですか。

③ 4コマ目の後、男の子はどんなことを言いそうですか。予想して、書きましょう。

④ 雨の日に安全に過ごすために必要なことは何ですか。わくの中にかじょう書きしましょう。

・
・
・

⑤ あなたならどのように過ごしますか。

1　使用場面　雨の日の教室での安全な遊び方を指導する。（学級活動・朝の会）

2　ねらい　雨の日の教室での安全な遊び方について考える。

3　指導例

・ワークシートを配布し、①②の指示、発問をする。
・③の発問をし、③の枠に書かせ、発表させる。例「出てくると思わなかった。」「危ないな。」
・「男の子の行動でいけなかったことは何ですか」と発問し、隣同士で発表させる。
　例「廊下を走っていること。」「鬼ごっこをしていること。」
・④の発問をし、④の枠に書かせ、発表させる。例「落ち着いて過ごす。」「廊下の右側を歩く。」
・⑤の発問をし、⑤の枠の中に考えを書かせ、発表させる。
　例「教室でトランプをする。」「絵を描いて遊ぶ。」「友達とおしゃべりする。」

クラブ・委員会編

委員会の仕事を理解しよう

年　　組　名前（　　　　　　　　　　　　）

① 4コマまんがを見ましょう。

② どんなお話ですか。

③ 学校にはどんな委員会があり、どのような仕事をしていますか。

（例）図書委員会が、本の整理整とんをしている。

④ 「進んで活動する」とはどのようなことだと考えますか。

1　使用場面　第一回目の委員会活動の事前指導（学級活動・朝の会など）
2　ねらい　委員会活動に意欲的に取り組もうとする態度を養う。
3　指導例
・①で、4コマ漫画のワークシートを配布する。
・②で、どんなお話か考えさせる。　例「委員会活動に進んで参加しようとしている話」など
・③で、学校にはどんな委員会があり、どんな活動をしているか思い出し、ワークシートに書かせる。　発表させる。
　例「放送委員会がお昼の放送をしている。」「代表委員会が募金活動をしている。」など
・④で、進んで活動するとはどういうことか考え、ワークシートに書かせる。発表させる。
　例「意見をたくさん発表する。」「様々な役割に立候補する。」「常時活動を忘れない。」など

クラブ・委員会編

行事のスローガンを考えよう

年　　組　名前（　　　　　　　　　　　）

① 4コマまんがを見ましょう。

② どんなお話ですか。

③ 運動会を盛り上げるために、スローガンに入れたい言葉は何ですか。3コマ目をヒントにして考えましょう。

（例）いっちだんけつ

④ 出された意見を組み合わせてスローガンを作りましょう。

1　使用場面　行事のスローガンを考える。（学級活動・朝の会など）
2　ねらい　キーワードからイメージを膨らませることで、行事に対する意欲をもつ。
3　指導例
　・①で、4コマ漫画のワークシートを配布する。
　・②で、どんなお話か考えさせる。
　　例「運動会のスローガンを話し合っている話」など
　・③で、運動会を盛り上げるためにスローガンに入れたい言葉を、3コマ目を参考にして書かせる。発表させる。
　　例「一生懸命」「精一杯」「頑張ろう」「応援しよう」など
　・④で、出された意見を組み合わせてスローガンを作り、発表させる。
　　例「赤も白も全力で頑張ろう」「努力の成果を発揮し、悔いのない運動会にしよう」など

クラブ・委員会編

クラブ活動が始まる！

年　　組　名前（　　　　　　　　　　　）

① 4コマまんがを見ましょう。

② どんなお話ですか。

③ 3コマ目で、しげるくんは、一人ぼっちでみんなの輪に入れていません。しげるくんは、このクラブでたった一人の4年生だったのです。5年生のたくやくんはしげるくんに何と声をかけたでしょうか。

④ ちがう学年の友達といっしょに活動するときに気をつけたいことは何ですか。

1　使用場面　第一回目のクラブ活動の事前指導（学級活動・朝の会など）
2　ねらい　クラブ活動に意欲的に取り組む態度を育成する。
3　指導例
・①で、4コマ漫画のワークシートを配布する。
・②で、どんなお話か考えさせる。
　例「クラブで一人ぼっちの子に声をかけた話。」など
・③で、一人ぼっちの子に、たくやくんがどんな声をかけたか考え、ワークシートに書かせる。発表させる。
　例「一緒にやろうよ。」「みんな優しいから大丈夫だよ。」など
・④で、他学年の友達と関わるときに気を付けたいことは何か、ワークシートに書かせる。発表させる。
　例「誰とでも仲良くなれるようにする。」「積極的に声をかける。」など

37

クラブ・委員会編

委員会活動って？

年　　組　名前（　　　　　　　　　　　　　）

① 4コマまんがを見ましょう。

② 1コマ目は放送委員会が朝の放送を流している場面です。他にどんな委員会がどのような仕事をしていますか。マンガを参考に書きましょう。

> （例）代表委員会が、あいさつ運動をしている。

③ はるこさんはどのようなことを考えているでしょうか。「委員会の人たちはいつも」のあとに続く言葉を考えましょう。

> 委員会の人たちはいつも、

1　使用場面　学級内でそれぞれの委員会活動を決定する。（学級活動）
2　ねらい　どんな委員会があるのかを知らせ、その重要性を理解させ、活動に対する意欲をもたせる。
3　指導例
・①で、4コマ漫画のワークシートを配布する。
・②で、どんな委員会があり、どのような仕事をしているかを考え、ワークシートに書かせる。発表させる。
　例「運動委員会がボールに空気を入れている。」「保健委員会が石鹸の補充をしている。」など
・③で、はるこさんがどんなことを考えているか「委員会の人たちはいつも、」の後を想像してワークシートに書かせる。発表させる。
　例「私たちのために仕事をしている。」「知らないところで頑張ってくれている。」など

クラブ・委員会編

高学年の自覚をもって

年　　組　名前（　　　　　　　　　　　）

① 4コマまんがを見ましょう。

② どんなお話ですか。

③ 転んでしまった低学年の子に対して、5年生のちひろさんはどのような行動をとったでしょうか。

絵や文でかきましょう。

④ 高学年らしい行動とは、どんな行動だと思いますか。考えて書きましょう。

1　使用場面　学期のはじめなどに高学年として行動しようとする態度を育成する。(学級活動)
2　ねらい　高学年としての自覚をもって行動をしようとする。
3　指導例
・①で、4コマ漫画のワークシートを配布する。
・②で、どんなお話か考えさせる。
　例「転んでしまった女の子をちひろさんが助けようとする話」など
・③で、転んでしまった女の子に対してちひろはどうしたか考え、ワークシートに書く。発表させる。
　例「大丈夫、と声をかけた。」「一緒に保健室まで連れて行った。」など
・④で、高学年らしい行動とは何かを考え、ワークシートに書かせ、話し合う。
　例「手本となる行動をする。」「下学年にやさしくする。」など

下校のルール・マナー編

登下校の注意

年　　組　名前（　　　　　　　　　）

① 4コマまんがを見ましょう。

② どんな危険なことが起こりそうですか。3・4コマ目をヒントにして書きましょう。

絵や文でかきましょう。

③ 安全に下校するために、どんなことに気をつけますか。考えて書きましょう。

1　使用場面　下校のルール・マナーを指導する。（学級活動・朝の会など）
2　ねらい　安全に留意して下校する。
3　指導例
・①で、4コマ漫画のワークシートを配布する。どんなお話か考える。
・2コマ目はどんな状況で、どのような危険があるのかを確認する。
　例「道路を広がって歩いていて、車にひかれそうになる。」など
・②で、3・4コマ目を参考に、下校中の危険なことを予想し、ワークシートに書かせる。発表させる。
　例「おにごっこをしながら帰って人にぶつかる。」「信号を急いで渡って事故に遭う。」など
・③で、安全に下校するために気をつけることをワークシートに書かせる。発表させる。
　例「遊びながら帰らない。」「交通ルールを守る。」など

下校のルール・マナー編

ふみきりの安全なわたり方

年　　組　名前（　　　　　　　　　　　　）

① 4コマまんがを見ましょう。

② どんなお話ですか。

③ ゆうとさんは4コマ目のあと、どうしたでしょうか。

④ ふみきりをわたるときに、気をつけたほうがよいことは何でしょう。自分の考えを書きましょう。

絵や文でかきましょう。

1　使用場面　下校のルール・マナーを指導する。（学級活動・朝の会など）
2　ねらい　踏切を渡る際に気を付けることを考えさせる。
3　指導例
　・①で、4コマ漫画のワークシートを配布する。
　・②で、どんなお話か考える。
　　例「急いで帰ろうとしたら踏切が閉まりそうになってしまう話」
　・③で、ゆうとさんはこの後どうしたか考える。ワークシートに書く。発表する。
　　例「急いでいたのでくぐって渡った。」「踏切が開くまで待って走って帰った。」など
　・④で、踏切を渡るときに気を付けることは何か考え、ワークシートに書く。発表する。
　　例「音が鳴ったら渡らない。」「開いた後も周りをよく見る。」など

41

下校のルール・マナー編

まっすぐ家に帰ろう（寄り道せずに）

年　　組　名前（　　　　　　　　　　　）

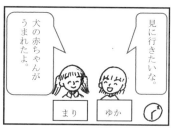

① 4コマまんがを見ましょう。

② どんなお話ですか。

③ 3コマ目の後、まりさんとゆかさんはどうしたでしょうか。

絵や文でかきましょう。

④ 寄り道をしてこまることは何でしょう。

1　使用場面　下校のルール・マナーを指導する。（学級活動・朝の会など）
2　ねらい　寄り道せずに下校しようとする態度を養う。
3　指導例
・①で、4コマ漫画のワークシートを配布する。
・②で、どんなお話か考えさせる。
　例「ゆかが、まりに誘われて寄り道をしてしまう話。」など
・③で、まりとゆかがこの後どうしたか考え、ワークシートに書かせる。発表させる。
　例「ゲームでしばらく遊んだ。」「あわてて帰った。」「家の人に怒られた。」など
・④で、寄り道をして困ることについて想像し、ワークシートに書かせる。発表させる。
　例「家の人が心配する。」「暗くなって事故に遭うかもしれない。」など

第Ⅱ部 学級生活が安定する学級モラル・ルールづくり

＊こんな行為はやめよう！　NG場面

席替え編

今日は席替え！　と思うとわくわくしますね。

でも、中にはこんな子いませんか？

自分の思うとおりにならなかったからと、あからさまに自分の気持ちを相手にぶつけてしまう子。

いいのかな、こんなことをして。

さあ、みんなで考えてみましょう。

＊こんな行為はやめよう！　NG場面

公園の使用編

楽しいはずの公園
時々いるんだよね、こんな子
平気で横入りする子
食べ散らかしたまま、違うところに行ってしまう子
入っちゃいけないところに入る子
遅くまで遊んでいる子
みんなで使う場所はどんなところに気をつければいいのかな。みんなで話し合いましょう。

生活目標編 （4月）

だれにでもあいさつをしよう

年　　組　名前（　　　　　　　　　　）

① 4コマまんがを見ましょう。

② どんなお話ですか。

③ 4コマ目のおじさんは、どちらの表情になるでしょう。

④ あいさつした後の、女の子の気持ちを考えましょう。

⑤ あなたは、はじめておじさんに会ったらどうしますか。

1　使用場面　生活目標　4月「だれにでもあいさつをしよう」
2　ねらい　挨拶すると、自分も相手も良い気持ちになることを理解する。
3　指導例
・プリントを配り、①から③までの指示、発問をする。（③…㋑）
・④書けない子のために、机間巡視して書けている子に発表させてもよい。
　例「おじさんが、笑ってくれた。」「勇気を出してあいさつしてよかった。」
・⑤「書けた人は、立って発表しましょう。」
　例「大きな声であいさつする。」「笑顔であいさつする。」

生活目標編　（5月）

大きな声で返事をしよう

年　　組　名前（　　　　　　　　　　　）

① 4コマまんがを見ましょう。

② どんなお話ですか。

③ 4コマ目の先生は、どんなことを思っているでしょう。

④ 小さな返事ではこまる場面はありますか。

⑤ あなたがゆかりさんなら、どんな返事をしますか。

1　使用場面　生活目標　5月「大きな声で返事をしよう」

2　ねらい　大きな声で返事をすることの大切さを知る。

3　指導例
・プリントを配り、①②の指示、発問をする。
・③「書けた人から立って発表しましょう。」
　例「ゆかりさんはほんとうに元気なのかな。」「具合が悪いのかもしれない。」
・④「一つ書けたら発表しましょう。」　例「クラブ活動などで、出席確認するとき。」
・⑤は書けた子に発表させた後、実際に健康観察の返事をさせてみる。

生活目標編 （6月）

時間を守ろう

年　　組　名前（　　　　　　　　　　）

① 4コマまんがを見ましょう。

② どんなお話ですか。

③ 「時間どろぼう」について考えましょう。

30人の学級で、1分時間を守らないと、
① 1分 × 30 ＝ 30分

② 1日5時間の授業で、毎回1分守らないと、
30分 × 5 ＝ 150分

③ 1年間で学校におよそ200日来るので、
150分 × 200 ＝ 30000分

これは、およそ何日になるでしょう。

④ あなたが、同じクラスの友達だったらどうしますか。

1　使用場面　生活目標　6月「時間を守ろう」
2　ねらい　時間を守ることの大切さを知る。
3　指導例
・プリントを配り、①②の指示、発問をする。
・③30000÷60＝500（時間）　500÷24≒21　約21日
「たった1分でも、1年間でクラスみんなの時間を21日も泥棒していることになります。」
「感想を言いましょう。」
・④「書けた人から立って発表しましょう。」

生活目標編 （7月）

身のまわりの整理整とんをしよう

年　　組　名前（　　　　　　　　　　　　　）

① 4コマまんがを見ましょう。

② どんなお話ですか。

③ ともやくんは、どうして教科書がすぐに出せなかったのですか。

④ あなたがなおこさんだったら、ともやくんにどんなアドバイスをしますか。

1　使用場面　生活目標　7月「身のまわりの整理整頓をしよう」
2　ねらい　身のまわりの整理整頓の大切さを知る。
3　指導例
・プリントを配り、①②の指示、発問をする。
・③「理由が書けた人は、立って発表しましょう。」
・④「ともやくんは、整理整頓が苦手なようです。どんなアドバイスをすればよいでしょう。」
　例「プリントはたたんで連絡袋に入れる。」
・「自分の道具箱は整理整頓できているか、見てみましょう。」
　時間を取り、自分の道具箱を整理整頓させる。

生活目標編 （8月）

夏の暑さに負けないようにしよう

年　　組　名前（　　　　　　　　　　　）

① 4コマまんがを見ましょう。

② どんなお話ですか。

③ 4コマ目でお母さんは「ま、まって」と言っています。
　なぜ、「まって」と言ったのですか。

④ 出かける女の子に、必要なものをつけたしましょう。

絵や文で書きましょう。

1　使用場面　生活目標　8月「夏の暑さに負けないようにしよう」
2　ねらい　熱中症にならないために必要な物を知る。
3　指導例
・プリントを配り、①②の指示、発問をする。
・③「理由が書けた人は、立って発表しましょう。」
　例「何も持たずに、出かけようとしているから。」
・④「このまま出かけると熱中症になるかもしれません。熱中症にならないために必要な物を書きましょう。」「班の人と、必要な物を相談してみましょう。」
　班ごとに必要な物を発表する。

生活目標編 （9月）

忘れ物に気をつけよう

年　　組　名前（　　　　　　　　　　　）

① 4コマまんがを見ましょう。

② どんなお話ですか。

③ あきらくんは、筆箱を忘れてしまいました。忘れた原因を考えましょう。

④ あなたがあきらくんなら、忘れ物をしないためにどうしますか。

1　使用場面　生活目標　9月「忘れ物に気をつけよう」
2　ねらい　忘れ物をしないためにどのように行動すればよいか考える。
3　指導例
　・プリントを配り、①②の指示、発問をする。
　・③「書けた人は、立って発表しましょう。」
　　例「寝坊をしたからです。」
　・④「あなたなら、忘れ物をしないためにどうしますか。書きましょう。」
　　　「班の人と、相談しましょう。」　班ごとに発表する。
　　例「前の日に、準備しておく。」「朝早く起きて、慌てずに準備をする。」

生活目標編　（10月）

友達をさそって遊ぼう

年　　組　名前（　　　　　　　　　　　）

① 4コマまんがを見ましょう。

② どんなお話ですか。

③ 4コマ目の女の子はどんなことを思っているでしょう。ふき出しに書きましょう。

④ あなたがゆきさんのクラスメイトなら、どうしますか。

1　使用場面　生活目標　10月「友だちをさそって遊ぼう」
2　ねらい　仲の良い友達だけでなく、他の人もさそって遊ぼうとする気持ちをもつ。
3　指導例
　・プリントを配り、①②の指示、発問をする。
　・③「書けた人は、立って発表しましょう。」
　　例「ゆきちゃんに、話しかけてみようかな。」「どうしたんだろう。」「なんだかさみしそう。」
　・④「あなたなら、どうしますか。書きましょう。」「班の人と、相談しましょう。」
　　班ごとに発表する。
　・今日の休み時間、みんなで遊ぶことを教師から提案する。

生活目標編 （11月）

ろうかは静かに歩こう

年　　組　名前（　　　　　　　　　　　）

① 4コマまんがを見ましょう。

② どんなお話ですか。

③ 4コマ目の、教室にいる人たちが思っていることを書きましょう。

④ あなたがろうかを歩くとき、気をつけなくてはいけないことを書きましょう。

1　使用場面　生活目標　11月「ろうかは静かに歩こう」
2　ねらい　廊下を歩くとき、どんなことに気を付ける必要があるか考える。
3　指導例
　・プリントを配り、①②の指示、発問をする。
　・③「書けた人は、立って発表しましょう。」
　　例「ろうかがうるさくて、テストができない。」
　・④「あなたが廊下を歩くとき、気を付けなくてはいけないことを書きましょう。」
　　例「おしゃべりをしないで、静かに歩く。」
　　　「並んで歩くときは、前を見て歩く。」

生活目標編　（12月）

そうじは全力で

年　　組　名前（　　　　　　　　　）

① 4コマまんがを見ましょう。

② どんなお話ですか。

③ 4コマ目のせりふを書きましょう。

④ 大そうじに向けて、がんばりたいことを書きましょう。

1　使用場面　生活目標　12月「そうじは全力で」
2　ねらい　大掃除に向けて意欲を高める。
3　指導例
・プリントを配り、①②の指示、発問をする。
・③「書けた人は、立って発表しましょう。」
　例「教室がピカピカになったね。」「きれいになると、気持ちがいいね。」
・④「大掃除で、教室をピカピカにしたいですね。頑張りたいことを書きましょう。」
　例「教室の床をピカピカにする。」
　　「おしゃべりしないで掃除をする。」

53

生活目標編 （1月）

手洗い、うがいをしよう

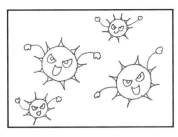

年　　組　名前（　　　　　　　　　　　）

① 4コマまんがを見ましょう。

② どんなお話ですか。

③ 4コマ目の男の子のせりふを書きましょう。

④ 手洗い、うがいをいつするとよいですか。

1　使用場面　生活目標　1月「手洗い、うがいをしよう」
2　ねらい　インフルエンザを予防し、元気に過ごす。
3　指導例
　・プリントを配り、①②の指示、発問をする。
　・③「書けた人は、立って発表しましょう。」
　　例「今日も元気だ。」
　・④「学校ではいつ手洗いやうがいをするとよいですか。書きましょう。」「班で相談しましょう。」班ごとに発表する。
　　例「休み時間遊んで教室に戻ってきたとき。」
　　　「給食の前。」

生活目標編 （２月）

いすやくつの入れ方に気を配ろう

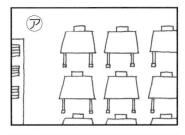

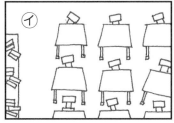

年　　組　名前（　　　　　　　　　　　）

① ４コマまんがを見ましょう。

② どんなお話ですか。

③ ㋐・㋑どちらの教室で過ごしたいですか。
　　そう思った理由を書きましょう。

④ あなたの教室は、㋐・㋑のどちらですか。

⑤ 気持ちよく過ごすために、身のまわりの整理整とんを見直しましょう。

1　使用場面　生活目標　２月「いすやくつの入れ方に気を配ろう」
2　ねらい　気持ちよく過ごせる環境をつくるために気を付けることを理解する。
3　指導例
　・プリントを配り、①②の指示、発問をする。
　・③「どちらの教室で過ごしたいか書きましょう。」
　　　「理由が書けたら、立って発表しましょう。」
　　例「㋐は、椅子や棚が整頓してあって気持ちがいい。」
　・④「気持ちよく過ごせる教室にするために、まわりを見て整理整頓をしましょう。」
　・３分ぐらい時間をとって整理整頓をする。
　・班ごとに発表する。

生活目標編 （3月）

１年間のまとめをしよう

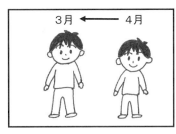

年　　組　名前（　　　　　　　　　　　）

① ４コマまんがを見ましょう。

② どんなお話ですか。

③ あなたは、１年間で成長したことは何ですか。
　　勉強・生活・運動・その他　でふり返ってみましょう。

＜勉強＞

＜生活＞

＜運動＞

＜その他＞

1　使用場面　生活目標　３月「１年間のまとめをしよう」
2　ねらい　１年間の自分の成長を振り返る。
3　指導例
　・プリントを配り、①②の指示、発問をする。
　・③「自分の成長を振り返りましょう。」
　　例＜勉強＞「ノートがきれいに書けるようになった。」「たくさん発表できた。」
　　　＜生活＞「時間を守って生活できるようになった。」
　・「この一年間で成長できたことを生かして、新しい学年になっても頑張りましょう。」

安全な生活編

プールでの注意

年　　組　名前（　　　　　　　　　　　）

① 4コマまんがを見ましょう。

② プールに入るときに、気をつけることは何でしょうか。
　4コマまんがからわかることを書きましょう。

③ 他にもどんなことに気をつけたらよいですか。

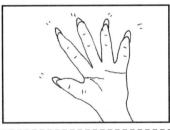

1　使用場面　水泳指導が始まる前

2　ねらい　水泳の授業で気を付けることを考えさせる。

3　指導例

・プリントを配り、①②の指示、発問をする。
　例「シャワーをしっかりと浴びる。」「水の中に飛び込まない。」「走らない。」「爪を切る。」

・③の発問で、書けない子のために、近くの人と相談させてもよい。
　例「先生の話を静かに聞く。」「ふざけない。」「おぼれたまねをしない。」

・発表させる。

・水泳の授業は命にかかわるため、ルールを必ず守ることを確認する。

57

安全な生活編

ろうかや階段の歩き方

年　　組　名前（　　　　　　　　　　　）

① 4コマまんがを見ましょう。

② どんなお話ですか。

③ 4コマ目では、どんなことが起きてしまったでしょうか。

④ ろうかや階段を歩くときには、どんなことに気をつければよいでしょうか。

1　使用場面　学校での安全な生活
2　ねらい　廊下や階段を安全に歩くことができるようにする。
3　指導例
　・プリントを配り、①から③までの指示、発問をして発表させる。
　　例「転んで大けがをしてしまった。」「人とぶつかって、相手にけがをさせてしまった。」
　・④の発問では、書けた子から発表させる。
　　例「廊下を走らない。」「階段では、1つ1つの段をゆっくり降りる。」
　・休み時間の前に実施して、廊下や階段の歩き方を意識させるとよい。

安全な生活編

留守番のときの注意

年　　組　名前（　　　　　　　　　　　）

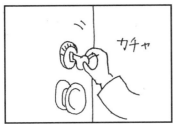

① 4コマまんがを見ましょう。

② どんなお話ですか。

③ 3コマ目の女の子は、だれも家にいないのにどうして「ただいま！」と言ったのでしょうか。

④ 留守番をするときには、他にもどんなことに注意すればよいですか。

1　使用場面　安全な生活
2　ねらい　留守番をするときに注意することを考え、自分の安全を守ることができるようにする。
3　指導例
　・プリントを配り、①から③までの指示、発問をして発表させる。
　　例「自分一人だと思わせないため。」「家の中に家族がいると思わせるため。」
　・不審者に、家の中に誰かいると思わせるために大きな声で「ただいま」と言う大切さを確認する。
　・④の発問では、書けない子のために近くの人と相談して書かせてもよい。
　　例「戸じまりをする。」「火を使わない。」「インターホンが鳴ってもすぐに出ない。」
　・発表する。

安全な生活編

友達の名前や電話番号を知らない人に伝えない

年　　組　名前（　　　　　　　　　　）

① 4コマまんがを見ましょう。

② 男の子は、知らない人に友達の名前や電話番号を教えてしまいました。あなたは、男の子のしたことをどう思いますか。

③ 4コマ目の男の子は、何と言えばよかったのでしょうか。ふき出しに書きましょう。

1　使用場面　安全指導
2　ねらい　知らない人に友達の名前や電話番号を教えてはいけないことを理解する。
3　指導例
- プリントを配り、①②の指示、発問をする。
  例「知らない人に電話番号を教えることはよくない。」
- 電話番号を悪用される場合があることを指導する。
- ④の発問で、書けない子のために、近くの人と相談させてもよい。
  例「教えられません。失礼します。」「わかりません。失礼します。」
- 断り、すぐに電話を切ることが大事なことを指導する。また、親がいないときには、電話に出ないことも方法の1つだということを確認する。

安全な生活編

「いかのおすし」の約束を守ろう

年　　組　名前（　　　　　　　　　　）

① 4コマまんがを見ましょう。

② どんなお話ですか。

③ 4コマ目の女の子は、どうしたらよいですか。

④ 自分の安全を守るための約束「いかのおすし」とは、それぞれ何でしょうか。

いか→

の→

お→

す→

し→

1　使用場面　学校での安全な生活
2　ねらい　「いかのおすし」の標語を覚え、自分の安全を守ることができるようにする。
3　指導例
・プリントを配り、①から③までの指示、発問をして発表させる。
　例「はっきりことわる。」「しらない人にはついていかない。」
・④の発問で、「いかのおすし」を確認しながら書かせる。すでに知っている子に、発表させてもよい。
　例「知らない人について**いか**ない。」「知らない人の車に**の**らない。」「**大声**を出す。」「**すぐ**にげる。」「すぐに家の人に**知**らせる。」
・書けた子は、標語を暗記する。

安全な生活編

「子供１１０番の家」の場所を確認しよう

年　　組　名前（　　　　　　　　　　　　）

① ４コマまんがを見ましょう。

② どんなお話ですか。

③ 女の子は、どうすればよいのでしょうか。４コマ目を見て考えましょう。

④ あなたの地域には、どこに「子供110番の家」がありますか。確認しましょう。

1　使用場面　学校での安全な生活
2　ねらい　「子供110番の家」の役割を知り、自分の安全を守ることができるようにする。
3　指導例

・プリントを配り、①から③までの指示、発問をして発表させる。
　例「子供110番の家の人に助けてもらう。」「子供110番の家に逃げこむ。」
・③の発問で、書けない子のために、近くの人と相談して書かせてもよい。
・④の発問では、「子供110番の家」が地域のどこにあるのか、発表させる。
・「今日の帰り道に、子供110番の家がどこにあるのか確認しながら帰りましょう。」

安全な生活編

事件や事故にあったら、だれに連絡する？

年　　組　名前（　　　　　　　　　　　）

① 4コマまんがを見ましょう。

② どんなお話ですか。

③ 4コマ目の女の子は、親に帰りのことを言おうかなやんでいます。あなたならどうしますか。

④ 事件や事故にあったら、親の他にはどこに伝えた方がよいでしょうか。

1　使用場面　学校での安全な生活
2　ねらい　事件や事故に遭ったときには、保護者、警察、学校に連絡することを理解する。
3　指導例
・プリントを配り、①の指示、②の発問をして発表させる。
・③の発問をして書かせる。発表させた後、事件や事故に遭ったときには、必ず保護者に伝えることを指導する。
・④の発問をして、発表させる。例「警察」「学校」
・事件や事故に遭ったときには、二次被害に陥らないように、また早期解決ができるように必ず「保護者」「警察」「学校」に連絡することを指導する。

安全な生活編

万引きは犯罪

年　　組　名前（　　　　　　　　　　　）

① 4コマまんがを見ましょう。

② どんなお話ですか。

③ 3コマ目のAさんは、どんなことを考えているでしょう。

④ あなたがAさんだったら、Bさんに何と言いますか。

1　使用場面　学校での安全な生活

2　ねらい　万引きは犯罪だということを理解し、万引きに誘われても断る態度を養う。

3　指導例

・プリントを配り、①から③までの指示、発問をして発表させる。
　例「万引きはしたくないな。」「勝手に店のものをとってはいけない。」
・④では、実際に隣の席の子と断る練習をさせてもよい。
　例「私は、行かないよ。」「それは、犯罪だよ。」「やめなよ。」
・最後に教師が、万引きは犯罪であることを話す。

安全な生活編

薬物乱用のきょうふ

年　　組　名前（　　　　　　　　　　　）

① 4コマまんがを見ましょう。

② どんなお話ですか。

③ 1コマ目の女の子は、薬を受け取ってしまいました。
　あなたならどうしますか。

④ 薬物を乱用すると、どんな症状があらわれますか。

⑤ あなたは薬物乱用について、どう思いますか。
　書きましょう。

1　使用場面　安全な生活
2　ねらい　薬物乱用の恐ろしさを理解し、薬物に手を出さない態度を育てる。
3　指導例
・プリントを配り、①から③までの指示と発問をして、発表させる。
　例「いらないと言って断る。」「その場では受け取ってしまっても絶対に飲まない。」
・④の発問では、友達と相談して書かせてもよい。
　例「やめられなくなる。」「体を壊す。」「幻覚を見るようになる。」「正しい判断ができなく
　　なる。」
・⑤の発問をして発表させる。
　例「絶対に薬物に手を出さない。」「薬物を乱用すると恐ろしいことになる。」

安全な生活編

火災のときのひなん方法

年　　組　名前（　　　　　　　　　　　）

① 4コマまんがを見ましょう。

② 2コマ目のふき出しに「おはしも」の約束を書きましょう。

③ 3コマ目の　　　　　　に入る言葉は何ですか。

④ 4コマ目の　　　　　　に入る言葉は何ですか。

⑤ ハンカチを持っているか確かめましょう。

1　使用場面　学校での安全な生活
2　ねらい　火災が起きたときに注意することを考え、自分の安全を守ることができるようにする。
3　指導例
・プリントを配り、①と②の指示、発問をして発表させる。
　「おさない」「はしらない」「しゃべらない」「もどらない」
・③と④の発問をして、発表させる。　③「けむり」　④「ハンカチ」
・姿勢を低くして、煙を吸わないことの大切さも確認する。
・⑤最後に「ハンカチ調べ」をして、毎日ハンカチを身に着けるように指導する。

安全な生活編

地しんのときのひなん方法

年　組　名前（　　　　　　　　　　）

① 4コマまんがを見ましょう。

② 地しんが起きたとき、してはいけない行動はどんな行動ですか。4コマまんがを見て考えましょう。

③ 地しんが起きたときに、どのような行動をすればよいですか。

④ 「おはしも」の約束をまとめしょう。

お→

は→

し→

も→

1　使用場面　学校での安全な生活
2　ねらい　地震が起きたときに注意することを考え、自分の安全を守ることができるようにする。
3　指導例
・プリントを配り、①から③までの指示、発問をして発表させる。
　例「あわてて外に出ない。」「机の下にもぐる。」
・④の発問では、知っている子に発表させてもよい。
・お→おさない　は→はしらない　し→しゃべらない　も→もどらない
・「おはしも」の約束を暗唱する。

安全な生活編

不審者が侵入したときのひなん方法

年　　組　名前（　　　　　　　　　　　　）

以前、大阪の小学校に、ほうちょうを持った男が侵入し、8人もの子どもがなくなるという大事件が起こりました。

それ以来、不審者が入って来ないように学校の門を開けたままにしないことにしました。
先生たちは名札をつけるようになりました。

どんなに対策をしても、みなさんが通う学校にも不審者が入って来てしまうかもしれません。

あなたの学校では、不審者が侵入したときにどんなひなんをしますか。確認しましょう。

① 4コマまんがを見ましょう。

② あなたの学校では、不審者が侵入したときに、どんなひなんをしますか。

③ 不審者が教室に入れないようにバリケードを作る場合があります。そのときに気をつけることは何ですか。

1　使用場面　学校での安全な生活
2　ねらい　不審者侵入時の避難方法を理解する。
3　指導例
・プリントを配り、①の指示をする。教師が読み聞かせをするとよい。
・自分たちの学校の不審者侵入時の放送の仕方や伝達の仕方などを確認して、②の枠に書く。
　例「『○○集会が始まりました』の放送は不審者侵入の合図である」など、学校の決まりを確認する。
・③の発問、発表の後に実際にバリケードを作る練習をしてもよい。
　例「バリケードを作ったら、物音を立てないように不審者が去るのを待つ。」「騒がず、先生の指示に従う。」

行事・施設利用・長期休業編

電車の中での過ごし方

年　　組　名前（　　　　　　　　　　）

① 4コマまんがを見ましょう。

② なぜ、他のお客さんは迷惑そうな顔をしているのですか。

③ 電車の中では、どのように過ごせばよいと思いますか。

④ 他にもどんなことに気をつけたらよいと思いますか。

1　使用場面　電車を使っての遠足などの前
2　ねらい　電車の中での過ごし方のマナーを知り、マナーを守って生活しようとする態度を育てる。
3　指導例
　・プリントを配り、①～③までの指示、発問をする。
　　②の例「おしゃべりをしていたから。」等　③の例「静かに過ごす。」等
　・④の発問で、書けない子のために、机間巡視をして書けている子に発表させてもよい。
　・他にも電車の中で守るべきマナー（優先席には座らない等）があれば付け加える。
　・ワークシートは返却し、保護者にも伝わるようにすると効果が上がる。

69

行事・施設利用・長期休業編

バス遠足のマナー

年　　組　名前（　　　　　　　　　　　　）

① 4コマまんがを見ましょう。

② バスの中で立ち歩くと他にはどんなことが起こりそうですか。

③ バスの中では、どのように過ごせばよいと思いますか。

④ 他にもどんなことに気をつけたらよいと思いますか。

1　使用場面　バス遠足の前日
2　ねらい　バスを安全に乗るためには、どのようにしたらよいかを考え、安全についての意識を高める。
3　指導例
　・プリントを配り、①～③までの指示、発問をする。
　・②の例「どこかにぶつかってけがをする。」等　③の例「座って過ごす。」
　・④の発問で、書けない子のために、机間巡視をして書いている子に発表させてもよい。
　・他にもバスの中で守るべきマナー（おしゃべりをしないで静かに過ごす等）があれば付け加える。
　・ワークシートは返却し、保護者にも伝わるようにすると効果が上がる。

行事・施設利用・長期休業編

登山の注意

年　組　名前（　　　　　　　　　　）

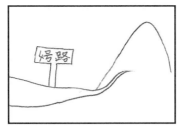

① ４コマまんが見ましょう。

② 男の子は、なぜ水がなくなってしまったのでしょうか。

③ 男の子は、どのように水を飲めばよかったのでしょうか。

④ 他にはどんなことに気をつければよいと思いますか。

1　使用場面　登山の遠足などの前
2　ねらい　山で守るべき注意を考え、気持ちよく登山ができるようにする。
3　指導例
　・プリントを配り、①〜③までの指示、発問をする。
　　②の例「山に登る前から飲みすぎた。」等　③の例「量を決めて飲めばよかった。」等
　・④の発問で、書けない子のために、机間巡視をして書けている子に発表させてもよい。
　・他にも登山で気を付けるべきこと（道の山側を歩く等）があれば付け加える。
　・ワークシートは返却し、保護者にも伝わるようにすると効果が上がる。

行事・施設利用・長期休業編

宿泊学習のマナー

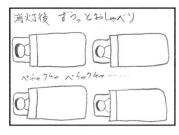
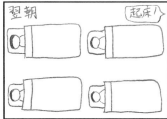

年　　組　名前（　　　　　　　　　）

① 4コマまんがを見ましょう。

② ね不足だと、なぜいけないのでしょうか。

③ みんなはどうすればよかったと思いますか。

④ 他にはどんなことに気をつければよいと思いますか。

1　使用場面　宿泊学習事前指導時
2　ねらい　就寝前の過ごし方について考え、十分な睡眠を取れるようにする。
3　指導例
　・プリントを配り、①～③までの指示、発問をする。
　　②の例「翌日に眠くて見学どころではないから。」等
　　③の例「おしゃべりせずに早く寝る。」等
　・④の発問で、書けない子のために、机間巡視をして書いている子に発表させてもよい。
　・他にも宿泊学習で守るべきマナー（部屋はきれいに掃除する等）があれば付け加える。
　・宿泊学習前に、ワークシートを返却し、保護者にも伝わるようにすると、効果が上がる。

行事・施設利用・長期休業編

鑑賞教室のマナー

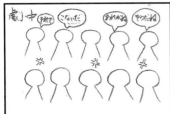

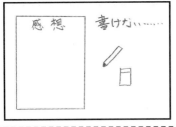

年　　組　名前（　　　　　　　　　　　　）

① 4コマまんがを見ましょう。

② なぜ、感想を書くときに、困ったのでしょう。

③ どのように鑑賞すればよかったでしょうか。

④ 他にもどんなことに気をつければとよいと思いますか。

1　使用場面　鑑賞教室の前
2　ねらい　鑑賞態度を考え、適切な鑑賞態度を身に付ける。
3　指導例
　・プリントを配り、①～③までの指示、発問をする。
　　②の例「しゃべっていたから。」等
　　③の例「静かに演劇を楽しむ。」等
　・④の発問で、書けない子のために、机間巡視をして書けている子に発表させてもよい。
　・他にも鑑賞教室で守るべきマナー（立ったり、ふざけたりしない等）があれば付け加える。
　・鑑賞教室後に、ワークシートを返却し、評価すると鑑賞態度を振り返ることができる。

行事・施設利用・長期休業編

展覧会のマナー

年　　組　名前（　　　　　　　　　　）

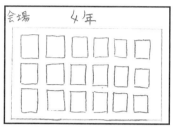

① 4コマまんがを見ましょう。

② 作品はどうしてこわれてしまったのでしょうか。

③ 作品をこわしてしまう原因は他に何が考えられますか。

④ 作品を鑑賞する際に、どんなことに気をつければよいと思いますか。

1　使用場面　展覧会の鑑賞に行く前

2　ねらい　展覧会の鑑賞態度を考え、マナーを守って鑑賞できるようにする。

3　指導例

・プリントを配り、①～③までの指示、発問をする。
　②の例「作品にさわってしまったから。」等
　③の例「会場で走り回る。」「友達とふざける。」等
・④の発問で、書けない子のために、机間巡視をして書けている子に発表させてもよい。
・他にも鑑賞教室で守るべきマナー（大きな声を出さない等）があれば付け加える。
・保護者鑑賞日の前に、ワークシートを返却し、保護者にも伝わるようにすると、効果が上がる。

行事・施設利用・長期休業編

音楽会のマナー

年　　組　名前（　　　　　　　　　　　）

① 4コマまんがを見ましょう。

② 音楽会とは、何をする会でしょう。

③ 見ている人は、どんなことに気をつけたらよいでしょうか。4コマまんがからわかることを書きましょう。

④ 他にもどんなことに気をつけたらよいと思いますか。かじょう書きしましょう。

⑤ マナーを守らないといけないのは、どうしてですか。

1　使用場面　音楽会の前
2　ねらい　音楽会の鑑賞マナーについて考え、音楽会を成功させようという心情を養う。
3　指導例
　・プリントを配り、①から③までの指示、発問をする。
　・③の例「静かに見る。」「拍手をする。」「体育座りで見る。」など。
　・④の発問で、書けない子のために書けた子から一つ発表させる。
　　例「トイレに行きたくなったら、先生に言う。」「トイレから戻ったら、列の一番後ろに座る。」
　・⑤の例「歌っている人が嫌な気持ちになる。」
　・演奏している人も見ている人も音楽を楽しめるよう、マナーを守ることを伝える。

行事・施設利用・長期休業編

学校図書館利用のマナー

年　　組　名前（　　　　　　　　　　）

① 4コマまんがを見ましょう。

② 図書館とは、何をする場所でしょう。

③ 図書館を使うときには、どんなことに気をつけたらよいでしょうか。4コマまんがからわかることを書きましょう。

④ マナーを守らないとどうなりますか。

⑤ 他にもどんなことに気をつけたらよいと思いますか。

【ヒント】
・手がよごれていたとき。
・本がやぶれていたとき。

1　使用場面　学校図書館利用のマナー

2　ねらい　学校図書館利用のマナーについて考えることで、皆が気持ちよく使えるようにする。

3　指導例

・プリントを配り、①から③までの指示、発問をする。
・③の例「静かに本を読む。」「返却期限を守る。」「本があった場所にきれいに戻す。」
・④の発問で、他者意識を持たせる。例「他の人が困る。」「図書館を気持ちよく使えない。」
・⑤の発問で書けない子のために、書けた子から発表させる。
　※図書の時間後、マナーを守れていた児童を確認し、褒めることで効果が上がる。

行事・施設利用・長期休業編

体育館使用上の注意

年　　組　名前（　　　　　　　　　　）

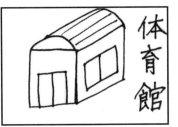

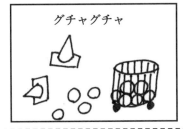

① 4コマまんがを見ましょう。

② 体育館とは、何をする場所でしょう。

③ 遊んでいて、とび箱から落ちてけがをした女の子は、どんなことを思っているでしょう。

④ 体育館を使うときには、どんなことに気をつけたらよいでしょうか。4コマまんがからわかることを書きましょう。

⑤ 他にもどんなことに気をつけたらよいと思いますか。かじょう書きしましょう。

1　使用場面　体育館使用上の注意
2　ねらい　体育館使用上の注意点について考え、安全に気持ちよく使えるようにする。
3　指導例
・プリントを配り、①から③までの指示、発問をする。
・③の発問で、体育館でのルール違反はケガにつながることを意識させる。
　例「勝手に跳び箱で遊ばなきゃよかった。」
・④の例「勝手に用具で遊ばない。」「片付けをきちんとする。」
・⑤の発問で、書けない子のために書けた子から一つ発表させる。
　例「友達と協力して準備と片付けをする。」

行事・施設利用・長期休業編

夏休みの生活

年　　組　名前（　　　　　　　　　）

① 4コマまんがを見ましょう。

② 夏休みに楽しみなことは何ですか。

③ 夏休みに気をつけた方がよいことは何でしょうか。4コマまんがからわかることを書きましょう。

④ 他にもどんなことに気をつけたらよいと思いますか。かじょう書きしましょう。

【ヒント】
・生活リズムについて。
・交通ルールについて。

1　使用場面　夏休み前
2　ねらい　夏休みを楽しく、安全に過ごすために大切なことは何かについて考えさせ、意識を高める。
3　指導例
・プリントを配り、①から③までの指示、発問をする。
・③の例「花火を振り回さない。」「プールでふざけない。」「帰る時刻を守る。」
・④の発問で書けない子のために、書けた子から発表させる。例「自転車の乗り方に気を付ける。」
・他にも学区域の特性にあった指導があればつけ加える。　例「〇〇川では遊ばない。」
・終業式の日には、このワークシートを返却し、保護者にも伝わるようにすると効果が上がる。

行事・施設利用・長期休業編

冬休みの生活

年　　組　名前（　　　　　　　　　　）

① 4コマまんがを見ましょう。

② 冬休みに楽しみなことは何ですか。

③ 冬休みに気をつけた方がよいことは何でしょうか。4コマまんがからわかることを書きましょう。

④ 他にもどんなことに気をつけたらよいと思いますか。かじょう書きしましょう。

1　使用場面　冬休み前
2　ねらい　冬休みを楽しく、安全に過ごすために大切なことは何かについて考えさせ、意識を高める。
3　指導例
・プリントを配り、①から③までの指示、発問をする。
・③の例「夜遅くまで遊ばない。」「年始の挨拶をきちんとする。」「お金の使い方に気を付ける。」
・④の発問で、書けない子のために書けた子から一つ発表させる。
　例「火に気を付ける。」（乾燥注意）
・他にも学区域の特性にあった指導があればつけ加える。例「繁華街へ子供だけで行かない。」
・終業式の日には、このワークシートを返却し、保護者にも伝わるようにすると効果が上がる。

行事・施設利用・長期休業編

春休みの生活

年　　組　名前（　　　　　　　　　　　　　）

① 4コマまんがを見ましょう。

② 春休みに楽しみなことは何ですか。

③ 春休みに気をつけた方がよいことは何でしょうか。4コマまんがからわかることを書きましょう。

④ 他にもどんなことに気をつけたらよいと思いますか。かじょう書きしましょう。

【ヒント】
・遊ぶ場所について。
・勉強について。

1　使用場面　春休み前
2　ねらい　春休みを楽しく、安全に過ごすために大切なことは何かについて考えさせ、意識を高める。
3　指導例
・プリントを配り、①から③までの指示、発問をする。
・③の例「早寝早起きをする。」「交通ルールを守る。」「家の人に誰とどこで遊ぶか伝える。」
・④の発問で、書けない子のために書けた子から一つ発表させる。
・他にも学区域の特性にあった指導があればつけ加える。
　例「人気のない通りを一人で歩かない。」
・修了式の日には、このワークシートを返却し、保護者にも伝わるようにすると効果が上がる。

行事・施設利用・長期休業編

なやみを相談する大人は……

年　　組　名前（　　　　　　　　　　　）

① ４コマまんがを見ましょう。

② １コマ目の男の子はどんな様子ですか。

③ ４コマ目で「天の声」は何と言ったのでしょう。

一人でなやまず、大人に相談しなさい。

その時、大切なことは……。

　　　　　　　に相談するようにせよ。

④ これからなやみがあったら、あなたはどうしますか。

- -

1　使用場面　長期休業（夏休み・冬休み・春休み）に入る前、自殺防止
2　ねらい　悩みがあったときは３人の大人に相談するとよいことを知る。
3　指導例
・②では男の子の様子について書かせる。発表させながら、何かに悩んでいることを押さえる。
・③で「天の声」の言ったことを想像させて書かせる。例「頼りになる大人」「身近な大人」「正直」
・教師が正解を告げる。正解は「３人」である。「大人にもいろいろな人がいます。相談した最初の１人があなたの話に耳を傾けてくれないかもしれません。でも、それで諦めずに、３人の大人に相談してみようと考えてください。きっと、そのうちの１人はあなたの悩みに応えてくれますよ。」
・④では、これから悩みがあったらどうするのか書かせる。発表させ、みんなで共有させる。

友達関係編

マイナス言葉をプラス言葉にしよう

年　　組　名前（　　　　　　　　　　）

① 4コマまんがを見ましょう。

② どんなお話ですか。

③ 2コマ目の言葉を聞いて、どんな気持ちになりますか。

④ 4コマ目の言葉を聞いて、どんな気持ちになりますか。

⑤ どんなプラス言葉がありますか。

1　使用場面　クラスの言葉の乱れが気になるとき
2　ねらい　言葉は気持ちにも影響を与えることに気付き、プラス言葉を使うよさを考えさせる。
3　指導例
・ワークシートを配り、①②の指示、発問をする。
・③④の発問では、早く書けた子から発表させ、書けていない子へのヒントにする。
　③の例「私も頑張ろうという気持ちになる。」
　④の例「頑張ろうと思っていたのに、やる気がなくなる。」
・⑤の発問では、早く書けた子から発表させる。出てきた言葉を教室に掲示する。
　「大丈夫？」「一緒に遊ぼう」「嬉しい」「ありがとう」など言われて嬉しい言葉は全てプラス言葉であることを例示する。言ってみてどんな気持ちになるか体感させる。
・プラス言葉（言ったり、聞いたりしてやる気が出たり、良い気持ちになる言葉）
　マイナス言葉（言ったり、聞いたりしてやる気をなくしたり、嫌な気持ちになる言葉）

友達関係編

暴力以外の方法を考えよう

年　　組　名前（　　　　　　　　　　　　　）

① 4コマまんがを見ましょう。

② どんなお話ですか。

③ このあと、男の子と女の子はどうなると思いますか。

④ 4コマ目、あなたなら男の子にどんなアドバイスをしますか。

1　使用場面　暴力が出てしまう子がいるとき　ケンカの後

2　ねらい　嫌な気持ちを暴力ではなく、言葉で伝える大切さを考えさせる。

3　指導例
  ・ワークシートを配り、①②の指示、発問をする。
  ・③の発問では、早く書けた子から発表させ、書けていない子へのヒントにする。
　　例「女の子が泣いてしまった。」「仲が悪くなってしまった。」
  ・④では「1つ書けた子から発表しましょう。」と指示する。
　　例「暴力はダメだよ。」「危ないからやめてとお願いしよう。」「もう走らないでねって言葉
　　　で伝えよう。」

83

友達関係編

ルールは何のためにあるのだろう

年　組　名前（　　　　　　　　　　）

① 4コマまんがを見ましょう。

② どんなお話ですか。

③ あなたの学校や教室にはどんなルールがありますか。

④ ③のようなルールは何のためにあるのでしょう。

1　使用場面　学校やクラスのルールが守られていないことが多いとき　学年や学期始め
2　ねらい　みんなで安心・安全に生活するために、ルールを守ることが大切であることを考えさせる。
3　指導例
・ワークシートを配り、①②の指示、発問をする。
・③の発問では、早く書けた子から板書させる。
　例「走らないようにする。」「大きな声を出さない。」
・④では、③で板書されたものから自由に選ばせ、「〜ため」と理由を書かせ、発表させる。
　例「みんながケガしないようにするため。」「みんなが安心して過ごすため。」
　　「みんなが気持ちよく〜できるようにするため。」

友達関係編

いじめをなくそう

年　　組　名前（　　　　　　　　　　　　）

① 4コマまんがを見ましょう。

② どんなお話ですか。

③ 3コマ目、女の子はどんなことを言ったでしょう。

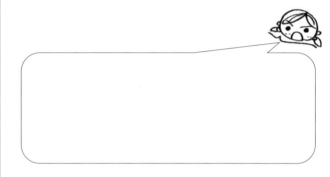

④ このマンガを見て、大切だと思うことは何ですか。

1　使用場面　友達へのからかいや意地悪が見られるとき　ふれあい月間
2　ねらい　嫌がっていたらやめること、見つけたら止めることなどの大切さを考えさせる。
3　指導例
・ワークシートを配り、①②の指示、発問をする。
・③では、書けた子から発表させる。
　　例「やめなよ。」「返してあげなよ。」「嫌がっているよ。」
・④では、すぐに思いついた子を何名か指名し、例示にする。ペアやグループで交流させる。
　　例「勇気を出して止める。」「嫌がっていたらやめる。」「みんなで仲良くする。」「意地悪をしない。」

85

友達関係編

友達の喜ぶことをしよう

年　　組　名前（　　　　　　　　　）

① 4コマまんがを見ましょう。

② どんなお話ですか。

③ 4コマ目、男の子はなぜ「いい気持ち」になったのでしょう。

④ あなたは今日から友達のためにどんなことをしてあげたいですか。

1　使用場面　友達のことを助けたり、手伝うような行動を増やしたいとき

2　ねらい　友達を喜ばせるよさを知り、何かやってみようという気持ちをもたせる。

3　指導例
　・ワークシートを配り、①②の指示、発問をする。
　・③では、書けた子から発表させ、例示とする。
　　例「ありがとうと言われたから。」「女の子が喜んでくれたから。」
　・④では、ペアやグループで交流させ、全体で共有する。
　　例「落し物をしてたら届けてあげる。」「ケンカをとめる。」「遊びに誘う。」「困っていたら声をかける。」

友達関係編

信頼貯金をためよう

年　　組　名前（　　　　　　　　　）

① ４コマまんがを見ましょう。

② なぜ先生は、ＡさんとＢさんに対して言うことがちがうのか予想してみましょう。

③ 信頼貯金をためると、どんなよいことがありますか。

④ 信頼貯金がないと、どんなわるいことがありますか。

⑤ 信頼貯金をためるために、今日からどんなことをしたいですか。

1　使用場面　親切な行動や約束をしっかり守る行動を増やしたいとき
2　ねらい　信頼貯金をためるよさを知り、よいことをしていこうという気持ちをもたせる。
3　指導例
・ワークシートを配り、①②の指示、発問をする。
・②では、普段の生活態度についての意見を子供から引き出す。
　例「Ａさんはいつもちゃんと宿題をしているけど、Ｂさんはいつも忘れている。」
・③では、何人かを指名する。例「心配してもらえる。」「疑われない。」
・④では、何人かを指名する。例「本当のことを言っても嘘だと思われてしまう。」
・⑤では、何人かを指名する。例「宿題を忘れずにやる。」「掃除をちゃんとやる。」「当番の仕事をやる。」
・信頼貯金　行動により人から得たり、失ったりした信頼をお金にたとえたもの。
　書籍『７つの習慣』で　スティーブン・R・コヴィー博士が提唱している。　原実践　山本東矢氏（信頼貯金の授業）

友達関係編

自分のゴミじゃないけど……

年　　組　名前（　　　　　　　　　　　）

① 4コマまんがを見ましょう。

② どんなお話ですか。

③ 男の子の「いいなあ」と思うところはどこですか。

④ 教室を見回して、クラスのために何ができそうですか。

1　使用場面　自主的に人のためになる行動を増やしたいとき
2　ねらい　自分のこと以外にも目を向け、行動することのすばらしさに気づかせる。
3　指導例
　・ワークシートを配り、①②の指示、発問をする。
　・③では、書けた子から発表させる。
　　例「ちゃんとゴミを捨てている。」「自分のゴミじゃないけど捨てている。」
　・④では、書けた子を何名か指名し、発表させる。実際にやらせてみる。
　　例「フックから落ちている荷物をかける。」「本棚を片付ける。」「ゴミを捨てる。」

友達関係編

友達のよいところはどこだろう？

年　組　名前（　　　　　　　　　　）

① 4コマまんがを見ましょう。

② どんなお話ですか。

③ Aくんはどんな人ですか。

例「元気」「忘れんぼう」

④ ③で書いたもののうち、Aくんのよいところだと思うものに○をつけましょう。

⑤ となりの席の友達のよいところは何ですか。

1　使用場面　年度や学期始め、席替えしたとき、友達のよいところに気付かせたいとき
2　ねらい　自分や友達のよいところを考えられるようにする。
3　指導例
・ワークシートを配り、①②の指示、発問をする。
・③では、書けた子から発表させる。
・④では、③で出された意見のうち、A君のよいところに丸を付けさせる。
　例「挨拶ができる。」「明るい。」「元気。」「お話好き。」
・⑤では、書けた子を何名か指名し、例示とする。書いたことを隣の人に伝える時間をとる。
・最後に教師の語りをする。「人は誰でも得意なところも苦手なところもあるものです。お互いのよい面を見つけられるような温かいクラスをつくっていきましょう。」

友達関係編

まずは自分からやってみよう

年　　組　名前（　　　　　　　　　　）

① 4コマまんがを見ましょう。

② どんなお話ですか。

③ 2コマ目、Aくんはなぜおこってしまったのでしょう。

④ 4コマ目、Bくんはなぜ素直にあやまれたのでしょう。

⑤ このマンガを見て大切だと思ったことは何ですか。

1　使用場面　友達のせいにしたり、友達を注意したりする行動が多いとき
2　ねらい　自分の行動を変えると、まわりも変わる可能性があることに気付かせる。
3　指導例
　・ワークシートを配り、①②の指示、発問をする。
　・③④では、書けた子から発表させる。
　　③の例「Bくんにあやまれ！　と命令されたから。」「Aくんは自分も痛かったから。」
　　④の例「Bくんがすぐ謝ってくれたから。」「Aくんは自分も悪いと思ったから。」
　・⑤では、書けた子を何名か指名し、発表させる。
　　例「悪いと思ったらすぐ謝る。」「まずは自分から謝る。」「人にしてほしいことはまず自分からする。」

友達関係編

どんなふうに伝えればよい？

年　　組　名前（　　　　　　　　　）

① 4コマまんがを見ましょう。

② どんなお話ですか。

③ 3コマ目の注意の仕方をされたら、女の子はどんな気分でしょうか。

④ 4コマ目の注意の仕方をされたら、女の子はどんな気分でしょうか。

⑤ あなたならどんな言い方をしますか。

1　使用場面　友達への注意の仕方が強い口調になっているとき　優しい言葉かけを指導したいとき
2　ねらい　友達への注意の仕方について考え、言い方に気を付けさせる。
3　指導例
・ワークシートを配り、①②の指示、発問をする。
・③では、指名し、発表させる。
　例「怖いからやめようと思う。」「そんなに強く言わなくてもいいのに。」「自分も怒りたくなる。」
・④では、指名し、発表させる。
　例「悪かったなと思う。」「静かにしようと思う。」「謝ろうと思う。」
・⑤では、書いた後でペアになって実際にやらせてみる。相手が嫌にならないような優しい言い方ができた子を何名か全体の前で発表させる。あえて、3コマ目のようなきつい言い方を試し、言われた方がどんな気持ちになるのかを体験させてもよい。

友達関係編

班の人と協力しよう

年　　組　名前（　　　　　　　　　　　）

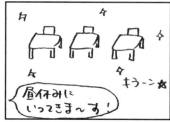

① 4コマまんがを見ましょう。

② A班とB班のちがいは何でしょう。

③ 協力するとどんなよいことがありますか。

④ 班の人と、どんなときに協力ができるか考えて書きましょう。

1　使用場面　給食や掃除などへの取り組みが遅かったり、仕事をしていない子が目立ったりするとき。
2　ねらい　班やグループで協力するとうまくいったり、得したりすることに気付かせる。
3　指導例
　・ワークシートを配り、①の指示をする。
　・②は書けた子から発表させる。
　　例「A班はきれいに掃除できているけど、B班は汚い。」「掃除が早く終わっている。」
　　　「A班は分担している、B班は遊んでいる人もいる。」「掃除が終わらない。」
　・③は書けた子を何名か指名し、発表させる。
　　例「早くできる。」「楽になる。」「楽しくなる。」「一人ではできない大きなことができるようになる。」
　・④はすぐに思いついた子に発表させ、例示とする。ペアやグループで交流させる。
　　例「掃除のとき」「給食のとき」「体育のとき」「理科の実験のとき」

＊こんな行為はやめよう！　NG場面

図書館利用編

みんなが静かにしている図書館で
大きな声で話をしたり、
ばたばた走ったり、
本に書き込みをしたり、
返却の日に遅れたり、
こんな子がいたら、あなたはどう思いますか？
みんなでよい使い方を考えてみましょう。

第Ⅲ部　社会生活のきまり・マナー　～大人への階段の上り方～

＊こんな行為はやめよう！　NG場面

こどもの日編

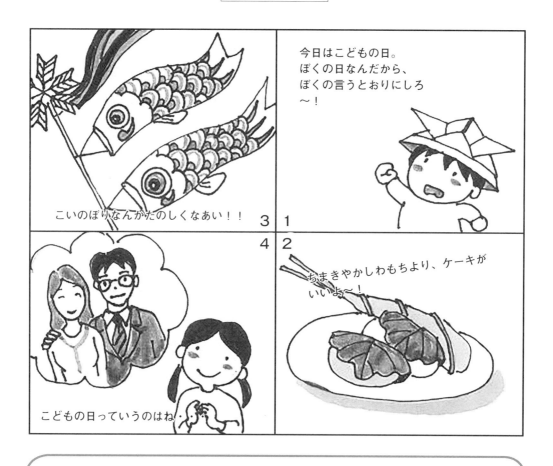

「こどもの日って、本当に子どものための日？」
なぜ、ちまきや柏餅を食べるのかな
なぜ、こいのぼりをかざるのかな
兜飾りを飾る家もあるけど、なぜなんだろう。
君たちの日だからこそ、みんなで「こどもの日」について調べたり、考えたりしてみようよ。

「国民の祝日に関する法律」（昭和二十三年七月二十日法律第百七十八号）
第二条「国民の祝日」を次のように定める。
こどもの日　五月五日　こどもの人格を重んじ、こどもの幸福をはかるとともに母に感謝する。
と定められています。

情報リテラシー編

スマホやタブレットの使い方

年　　組　名前（　　　　　　　　　　　）

① 4コマまんがを見ましょう。

② どんなお話ですか。

③ お母さんがタブレットを捨ててしまったわけを考えましょう。

④ スマホやタブレットの使い方にどんなルールがあるとよいですか。

1　使用場面　スマホやタブレットの使い過ぎに注意することを指導したいとき、安全指導の時間
2　ねらい　スマホやタブレットなどの使い過ぎを防止するために使い方やルールを考えさせる。
3　指導例
・ワークシートを配り、①②の指示、発問をする。
・③では、書けた子から発表させる。
　例「注意してもタブレットを使うのをやめなかったから。」「ずっとタブレットを使っていたから。」
・④では、書けた子を何名か指名し、発表させる。ペアやグループで交流する。
　例「使っていい時間を決める。」「ご飯のときは使わないようにする。」「留守番のときだけ使う。」「時間制限をつくる。」
・スマホやタブレットの使い過ぎは、寝不足、視力の低下、家族との会話が少なくなるなど、生活に悪影響が出るので、お家の人と使い方のルールを決めることが大切であることを教える。

情報リテラシー編

友達や自分の情報に気をつけよう

年　　組　名前（　　　　　　　　　　　　）

① 4コマまんがを見ましょう。

② どんなお話ですか。

③ 4コマ目、A子さんはなぜ泣いているのでしょう。

④ SNSを使うときに、どのようなことに気をつければよいでしょう。

1　使用場面　個人情報の取り扱いについて指導したいとき、安全指導の時間
2　ねらい　個人情報の取り扱いを誤ると、大きなトラブルにつながることに気付かせる。
3　指導例
　・ワークシートを配り、①②の指示、発問をする。
　・③では、書けた子から発表させる。
　　例「写真をSNSに載せられたから。」「みんなから笑われたから。」
　・④では、書けた子を何名か指名し、発表させる。ペアやグループで交流する。
　　例「親と一緒に使う。」「家族の間だけで使う。」「写真などを載せない。」
　・写真や名前など個人が特定できる情報のことを個人情報ということを教える。
　・悪意のある人に個人情報を知られるといたずらを受けたり、トラブルになる可能性があったりすることを話す。そのため、インターネットやSNSに自分や友達の情報を載せることは危険であることを教える。

情報リテラシー編

ネットけい示板の書きこみには注意

年　　組　名前（　　　　　　　　　　）

① 4コマまんがを見ましょう。

② どんなお話ですか。

③ 4コマ目、女の子が困っています。なぜこんなことになってしまったのでしょう。

④ このあと、女の子はどうすればよいでしょうか。

1　使用場面　SNSやインターネット掲示の利用について指導したいとき　安全指導の時間
2　ねらい　インターネット掲示板などに友達のことを書くと思わぬトラブルになると気付かせる。
3　指導例
　・ワークシートを配り、①②の指示、発問をする。
　・③では、書けた子から発表させる。
　　例「友達のことを書き込んだから。」「悪口を書き込んでしまったから。」
　・④では、書けた子を何名か指名し、発表させる。ペアやグループで交流する。
　　例「大人に相談する。」「掲示板を使うのをやめる。」「A子さんに謝る。」
　・インターネット掲示板などに個人的な情報を書き込まないこと、特に人の悪口などは大きなトラブルになる可能性があることを教える。

情報リテラシー編

ウイルスやスパムメールに注意

年　　組　名前（　　　　　　　　　　　）

① 4コマまんがを見ましょう。

② どんなお話ですか。

③ このあと、どうなったでしょう。

④ パソコンなどの情報機器を使うときには、どんなことに気をつければよいですか。

※スパムメール…受信者の意向を無視して一方的に送り付けられるメール（迷惑メール）。

1　使用場面　ウイルス・スパムの脅威について指導したいとき　安全指導の時間
2　ねらい　ウイルス・スパム等の怖さを知り、被害を受けないために注意する方法を考えさせる。
3　指導例
・ワークシートを配り、①②の指示、発問をする。
・③では、書けた子から発表させる。
　例「家族に迷惑をかけた。」「パソコンが壊れてしまった。」「パソコンを使わせてもらえなくなった。」
・④では、書けた子を何名か指名し、発表させる。ペアやグループで交流する。
・ウイルスに感染すると情報機器のデータが消える、勝手に迷惑メールを発信するようになるなど、大変なことが起きる可能性があることを話す。
・情報機器はできるだけお家の人と一緒に使うこと、知らないメールやファイルを開かないようにすること、何かおかしいと感じたらお家の人に伝えることなどの注意を教える。

情報リテラシー編

ゲームのやり過ぎに注意

年　　組　名前（　　　　　　　　　　　　）

① 4コマまんがを見ましょう。

② どんなお話ですか。

③ 4コマ目、男の子は学校でどんな様子だったでしょう。

④ ゲームをやり過ぎないようにするために、どんなルールがあるとよいですか。

1　使用場面　ゲームのやりすぎや夜更かしについて指導したいとき　安全指導の時間
2　ねらい　ゲームのやり過ぎは生活リズムを悪くし、学校生活にも悪影響が出ることを教える。
3　指導例
　・ワークシートを配り、①②の指示、発問をする。
　・③では、書けた子から発表させる。
　　例「授業中に寝てしまった。」「勉強に集中できなかった。」
　・④では、書けた子を何名か指名し、発表させる。ペアやグループで交流する。
　　例「1日1時間だけにする。」「夜はやらない。」「雨の日だけやる。」「家族がいるときだけやる。」
　・ゲームのやり過ぎに注意しないと、眠れなくなったり、視力が低下したりすることを話す。
　・ゲームに時間が取られた結果、友達と遊ぶ時間や、勉強をする時間がなくなり、普段の生活にも悪い影響が出ることを教える。

国民の祝日編（1月）

「元日」と「元旦」は何がちがう？

年　　組　　名前（　　　　　　　　　　　　）

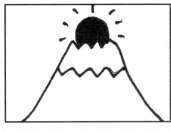

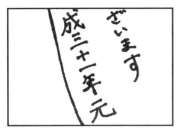

① 4コマまんがを見ましょう。

② 年賀状にあてはまるのは、「元日」と「元旦」のどちらでしょうか。

　　　　　元日・元旦

③ 「元日」と「元旦」のちがいについて、わかったことを書きましょう。

元日…

元旦…

④ お正月について、わかったことや感想を書きましょう。

1　使用場面　学級活動（国民の祝日）
2　ねらい　「元日」と「元旦」の違いを知る。
3　指導例
　・お正月について知っていることを自由に発表させた後、ワークシートを配布する。
　・年賀状にふさわしい表現は「元日」「元旦」のどちらかを考えさせる（知っている児童がいたら、説明させる）。「**元日は、『1月1日』を意味し、元旦は『1月1日の朝』を意味すること**」「**新年早くに挨拶する意味を込めて『元旦』が用いられることが多いが、『元日』も間違いではないこと**」を説明する。
　・その他、お正月に関することを説明する。「**三が日**→元日から3日までの祝日」「**松の内**→門松を飾って年神様を迎える期間」「**小正月**→1月15日。豊作祈願や吉凶占い、悪霊払いの行事をする日」

国民の祝日編（2月）

「建国記念の日」って、どんな日？

年　組　名前（　　　　　　　　　　　）

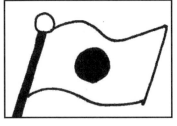

① 4コマまんがを見ましょう。

② 「建国記念の日」の日付を書きましょう。

月　　　　　　　　日

③ 日本という国が建国してから、何年くらい経ったのでしょうか。予想を書きましょう。

年

④ 「建国記念の日」にこめられた意味を予想して書きましょう。

⑤ わかったことや感想を書きましょう。

1　使用場面　学級活動（国民の祝日）
2　ねらい　「建国記念の日」の意味を知る。
3　指導例
・2月11日の「建国記念の日」について知っていることを発表させた後、ワークシートを配布する。
・日本の建国から何年くらい経つのか、祝日に込められた意味は何かを予想させた後、**「建国をしのび、国を愛することを養う日であること」「元々は、『紀元節』と呼ばれていたこと」「紀元前660年に初代天皇の神武天皇が即位した日を基準にしていること（諸説ある）」**を説明する。
・「建国記念の日」について、わかったことや感想を発表させる。

国民の祝日編（3月）

「春分の日」って、どんな日？

年　組　名前（　　　　　　　　　　　）

① 4コマまんがを見ましょう。

② 「春分の日」は、何を基準に決められるのでしょうか。また、祝日の意味を予想して書きましょう。

　　　　　　　　　　　　　　　　を基準とする。
〈意味〉

③ 「春分の日」と「秋分の日」の共通点を書きましょう。

④ わかったことや感想を書きましょう。

1　使用場面　学級活動（国民の祝日）
2　ねらい　「春分の日」の意味について知る。
3　指導例
・「春分の日」について知っていることを発表させた後、ワークシートを配布する。
・「春分の日」の意味を予想させた後、**春分日（国立天文台が発表する春分が起こる日）によって3月20日前後に春分の日が変わること**」「**『自然をたたえ、生物をいつくしむ』という意味が込められていること**」「**秋分の日と共に、季節の分かれ目であり、昼と夜の長さがほぼ同じになる特別な1日であること**」を説明する。
・春分と秋分があることから、「夏分や冬分はないのか」という疑問が予想される。あるかどうか予想させた後、「夏至」や「冬至」があることを説明する（「夏至」は、6月22日頃に北半球において昼の長さが1年間で最も長くなる日。一方「冬至」は、12月22日頃で昼の長さが最も短い日）。
・「春分の日」について、わかったことや感想を発表させる。

国民の祝日編（5月）

「憲法記念日」って、どんな日？

年　組　名前（　　　　　　　　　　　）

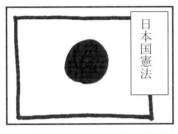

① 4コマまんがを見ましょう。

② 「憲法記念日」は何月何日でしょうか。
　また、祝日にこめられた意味を予想して書きましょう。

　　　　　　　月　　　日

〈意味〉

③ 「憲法」とは何でしょうか。
　「法律」とのちがいは何でしょうか。

憲法…

法律…

④ 日本にどんな国になってほしいですか。そのために自分がしたいことを書きましょう。

1　使用場面　学級活動（国民の祝日）
2　ねらい　「憲法記念日」について知る。
3　指導例
・5月3日の「憲法記念日」について知っていることを発表させた後、ワークシートを配布する。
・「憲法記念日」の意味を予想させた後、**1947年の5月3日に日本国憲法が施行されたこと（交付は1946年11月3日）」「『日本国憲法の施行を記念し、国の成長を期する』という意味があること」**を説明する。
・「憲法」と「法律」の違いを予想させた後、説明する（「**憲法**→国民の人権を保障するために、国民が定めたきまり（最高法規・国のルール）」「**法律**→憲法の範囲内で国民への制限を掛けるきまり（国民のルール）」）。
・日本にどんな国になってほしいか。また、そのために自分たちができることを話し合わせる。

国民の祝日編（5月）

「こどもの日」って、どんな日？

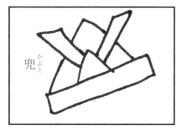
兜（かぶと）

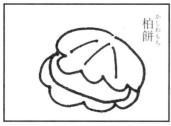
柏餅（かしわもち）

菖蒲（しょうぶ）

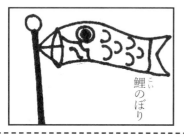
鯉のぼり（こいのぼり）

年　　組　名前（　　　　　　　　　　　）

① 4コマまんがを見ましょう。

② 「こどもの日」の日付を書きましょう。
　また、祝日にこめられた意味を予想して書きましょう。

　　　　　　　　月　　　　日

〈意味〉

③ こどもの日に関係するものには、どんな意味があるのでしょうか。

〈1コマ目〉兜（かぶと）

〈2コマ目〉　柏餅（かしわもち）

〈3コマ目〉　菖蒲（しょうぶ）

〈4コマ目〉　鯉のぼり（こいのぼり）

1　使用場面　学級活動（国民の祝日）
2　ねらい　「こどもの日」について知る。
3　指導例
・5月5日の「こどもの日」について知っていることを発表させた後、ワークシートを配布する。
・祝日の意味を予想させた後、「**3月3日の『桃の節句』に対して、男の子の節句であること**」「**『こどもの人格を重んじ、こどもの幸福をはかるとともに、母に感謝する』** 意味があること」などを説明する。
・こどもの日に関係するものについて、込められた願いを予想させた後、説明する。
　「**菖蒲→邪気を払う**」「**柏餅→子孫繁栄**」「**鎧兜→事故や病気から身を守る**」「**鯉のぼり→立身出世の象徴**」

国民の祝日編（7・8月）

「海の日」と「山の日」って、どんな日？

年　組　名前（　　　　　　　　　　　）

① 4コマまんがを見ましょう。

② 「海の日」は何月の第3月曜日でしょうか。
また、祝日の意味を予想して書きましょう。

_____月　第3月曜日

〈意味〉

③ 「山の日」の日付を書きましょう。
また、祝日の意味を予想して書きましょう。

_____月　　　日

〈意味〉

④ わかったことや感想を発表しましょう。

1　使用場面　学級活動（国民の祝日）
2　ねらい　「海の日」と「山の日」について知る。
3　指導例
・「海の日」と「山の日」について知っていることを発表させた後、ワークシートを配布する。
・祝日の意味と、「海の日と山の日はどちらが先にできたのか」予想させた後、海の日は「7月第3月曜日」「『海の恩恵に感謝するとともに、海洋国日本の繁栄を願う』という意味があること」「海に関する祝日は日本にしかない独自の祭日」「祝日になる前は『海の記念日』と呼ばれていたこと」を説明する。
・山の日は「8月11日」「『山に親しむ機会を得て、山の恩恵に感謝する』という意味があること」「2006年に『海の日』以来20年振りに新しくできた祝日であること」を説明する。
・2つの祝日について、わかったことや感想を発表させる。

105

国民の祝日編（9月）

「敬老の日」って、どんな日？

年　組　名前（　　　　　　　　　　　　）

① 4コマまんがを見ましょう。

② 「敬老の日」は何月の第3月曜日でしょうか。
　また、祝日にこめられた意味を予想して書きましょう。

　　　　　　　月　第3月曜日

〈意味〉

③ お年寄りを大切にするために自分がしたいことや、できることを書きましょう。

④ わかったことや感想を書きましょう。

1　使用場面　学級活動（国民の祝日）
2　ねらい　「敬老の日」について知る。
3　指導例
- 「敬老の日」について知っていることを発表させた後、ワークシートを配布する。
- 「敬老の日」の意味を予想させた後、「**9月第3月曜日に制定されていること**」「『**多年にわたり社会につくしてきた老人を敬愛し、長寿を祝う**』という意味が込められていること」「**兵庫県多可郡野間谷村の『敬老会』が発祥とされること**」を説明する。
- 「敬老の日」にお年寄りのためにできることを話し合わせる。例「肩もみ」「花束を贈る」など
- わかったことや感想を発表させる。

国民の祝日編（10月）

「体育の日」って、どんな日？

年　　組　　名前（　　　　　　　　　　　）

① 4コマまんがを見ましょう。

② 「体育の日」は、何月の第2月曜日でしょうか。
　また、祝日にこめられた意味を予想して書きましょう。

　　　　　　　　月　第2月曜日

〈意味〉

③ 「体育の日」は、元々は10月10日でした。
　その日付には、どんな意味があるのでしょうか。

④ 「健康な心身をつちかう」ために、あなたはどんなこと
　をがんばりたいですか。その理由も書きましょう。

1　使用場面　学級活動（国民の祝日）
2　ねらい　「体育の日」について知る。
3　指導例
・「体育の日」について知っていることを発表させた後、ワークシートを配布する。
・発問しながら、以下のことを説明する。「10月第2月曜日に制定されていること（以前は1964年東京オリンピック開会式の10月10日）」「東京オリンピックをきっかけに日本中に運動教室が広まり、スポーツに親しむ人が増えたこと」「『スポーツに親しみ、健康な心身をつちかう』という意味があること」「2020年から『スポーツの日』に名称が変わること（予定）」「スポーツ施設が無料・割引になったりイベントが開催されたりすること」を説明する。
・体育の日に込められた願い「健康な心身をつちかう」ために、頑張りたいことを話し合わせる。

107

国民の祝日編（11月）

「勤労感謝の日」って、どんな日？

年　組　名前（　　　　　　　　　）

① 4コマまんがを見ましょう。

② 「勤労感謝の日」の日付を書きましょう。
　また、祝日にこめられた意味を予想して書きましょう。

　　　　　　　　　　月　　　　日

〈意味〉

③ どんな仕事（職業）が自分の生活に関わっているでしょうか。思いつく仕事（職業）と関わりを書きましょう。

仕事（職業）	関わり

④ 働くおうちの方に、感謝のメッセージを書きましょう。

1　使用場面　学級活動（国民の祝日）
2　ねらい　「勤労感謝の日」について知る。
3　指導例
・11月23日「勤労感謝の日」について知っていることを発表させた後、ワークシートを配布する。
・祝日の意味を予想させた後、「『**勤労をたっとび、生産を祝い、国民たがいに感謝しあう**』という意味があること」「**五穀の収穫を祝う『新嘗祭』が行われた『卯の日』が起源であるとされる**」ことを説明する。
・仕事（職業）と自分の生活との関わりを話し合わせたり、家族へのメッセージを書かせたりする。

国民の祝日編（総集編）

「の」のある祝日、ない祝日

年　　組　名前（　　　　　　　　　　　）

① 4コマまんがを見ましょう。

② 1コマ目と2コマ目の祝日のちがいは何でしょう。

③ 3コマ目の男の子は何を考えているのでしょうか。

④ どうしてこのようなちがいがあるのでしょうか。少し難しいですが予想してみましょう。

⑤ 正しい理由を調べたり、聞いたりしましょう。

1　使用場面　祝日前
2　ねらい　「〜の日」のように「の」がある祝日と、「元日」のように「の」がない祝日の違いを考える。
3　指導例
・②で1コマ目の祝日（「〜の」のある祝日）と2コマ目の祝日（ない）の違いを考える。
・②を踏まえ、③で男の子が考えていることを予想して書かせる。発表させる。
　例「『の』がある祝日とない祝日があるのはどうしてか考えている。」等
・④では「の」がある祝日とない祝日があるのはどうしてか予想を書かせる。
・⑤では調べさせたり教師が説明したりして理由を理解させる。
＊「元日」「天皇誕生日」「憲法記念日」はその日以外には考えられない日。「〜の」がある日は基本的に必然性がない日。（建国記念の日は「建国されたという事象そのものを記念する日」という意味。）

交通事故防止編

安全に歩こう

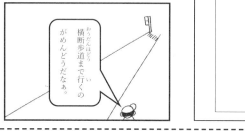

年　組　名前（　　　　　　　　）

① 4コマまんがを見ましょう。

② どんなお話ですか。

③ 4コマ目の後、男の子はどんな行動をとったと思いますか。
　□の中に書きましょう。

④ あなただったらどうしますか。□の中に書きましょう。

1　使用場面　安全指導（道路の交通法規と安全な歩行）
2　ねらい　安全に歩こう
3　指導例
・プリントを配り、①②の指示、発問をする。
・③の発問をして、発表させる。
　例「横断歩道ではない所を渡ってしまう。」「横断歩道まで歩いて渡った。」
・④の発問をして、発表させる。どんな答えでも安全な歩行について指導する。
　例「横断歩道まで行って、歩いて渡る。」「信号のない所を渡る。」

交通事故防止編

通学路を守ろう

年　　組　名前（　　　　　　　　　　）

① 4コマまんがを見ましょう。

② どんなお話ですか。

③ 男の子の行動でよくなかったことを□に書きましょう。

④ 学校の登下校で大切なことは何ですか。□に書きましょう。

1　使用場面　安全指導（通学路を守る）
2　ねらい　通学路を守ろう
3　指導例
・プリントを配り、①②の指示、発問をする。
・③の発問をして、発表させる。
　例「通学路を守らずに帰ったこと。」「急に飛び出したこと。」
・④の発問をして、発表させる。
　例「通学路を守ること。」「急に飛び出さないこと。」

交通事故防止編

交差点を横断するときは

年　組　名前（　　　　　　　　　　）

① 4コマまんがを見ましょう。

② どんなお話ですか。

③ 男の子の行動でよくなかったことを□に書きましょう。

④ 交差点を横断するときに大切なことは何ですか。□に書きましょう。

1　使用場面　安全指導（交差点を横断するときの注意）

2　ねらい　青信号でも左右を確認して渡る大切さを知る。

3　指導例

・プリントを配り、①②の指示、発問をする。

・③の発問をして、発表させる。
　例「慌ててしまったこと。」「左右の確認をせずに信号を渡ったこと。」

・④の発問をして、発表させる。
　例「左右の確認をしてから渡る。」「曲がって来る車に気を付ける。」

112

交通事故防止編

みんなでいっしょに歩くときは

年　組　名前（　　　　　　　　　）

① 4コマまんがを見ましょう。

② どんなお話ですか。

③ 子供たちのよくない点はどこですか。□に書きましょう。

④ 大勢で歩くときに大切なことは何だと思いますか。次の言葉に続けて書きましょう。

大勢で歩くときは、

1　使用場面　安全指導（安全な集団歩行の仕方）
2　ねらい　集団で歩くときのマナーを知る。
3　指導例
・プリントを配り、①②の指示、発問をする。
・③の発問をして、発表させる。
　例「先生の言うことを聞いていない。」「整列して歩いていない。」
・④の発問をして、発表させる。
　例「静かに歩く。」「整列して人の迷惑にならないように歩く。」

交通事故防止編

自転車の安全な乗り方

自転車乗用中の交通事故死傷者数

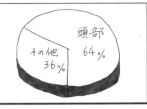

自転車での死亡事故、そんしょう部分の割合は…

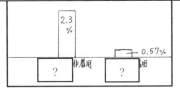

?を正しく着用することで頭部そんしょうによる死亡の割合が1/4に！

年　　組　名前（　　　　　　　　　　　）

① 4コマまんがを見ましょう。

② 1コマ目は何を表していますか。

③ 2コマ目は何を表していますか。

④ ?は、何のことでしょうか。4コマ目の警察官の言葉を完成させましょう。

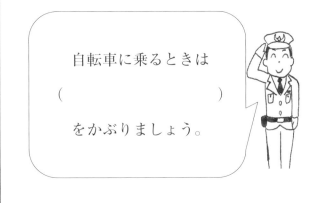

自転車に乗るときは
（　　　　　　　　）
をかぶりましょう。

1　使用場面　安全指導（自転車の安全な乗り方）
2　ねらい　自転車に乗るときにヘルメットを着用する大切さを知る。
3　指導例
・プリントを配る。
・②を発問し、答えさせる。「自転車乗用中の交通事故死傷者数」
・③を発問し、答えさせる。「自転車の死亡事故の損傷部分の割合」
・④を発問し、（　）に書かせ、発表させる。「ヘルメット」

出典：1コマ目…平成27年における交通事故の発生状況（警察庁交通局）
　　　2,3コマ目…公益財団法人交通事故総合分析センター「交通事故分析レポート vol.97」

交通事故防止編

自転車のルール

年　組　名前（　　　　　　　　　　　）

① 4コマまんがを見ましょう。

② どんなお話ですか。

③ 男の子はどうすれば事故を防げたでしょうか。□の中に書きましょう。

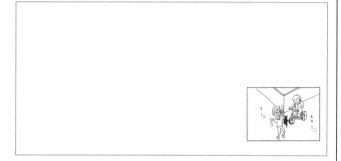

④ 自転車事故を防ぐために、自転車に乗る人が気をつけるべきことは何でしょうか。□に書きましょう。

1　使用場面　安全指導（自転車に関する基本的な交通法規）
2　ねらい　自転車走行の簡単なルールを理解する。
3　指導例
・プリントを配り、①②の指示、発問をする。
・③の発問をして、発表させる。
　例「急に飛び出さない。」「お母さんの言ったことを守る。」
・④の発問をして、発表させる。
　例「標識をよく見る。」「見通しの悪い道に気を付ける。」

115

交通事故防止編

車がとまっていても

① 4コマまんがを見ましょう。

② どんなお話ですか。

③ 4コマ目の後、どんな危険なことが起こるでしょうか。予想して□に書きましょう。

④ この4コマまんがから学んだことを□に書きましょう。

1　使用場面　安全指導（車両事故の特徴）
2　ねらい　車には死角があることを知り、安全に気を付ける態度を育む。
3　指導例
・プリントを配り、①②の指示、発問をする。
・③の発問をして、発表させる。
　例「車が急に発進する。」「車が発進して引かれてしまう。」
・④の発問をして、発表させる。
　例「車の陰には隠れない。」「安全な場所で遊ぶ。」「車の近くで遊ぶと危ない。」

キャリア教育編

新学期の目標

年　　組　名前（　　　　　　　　　　　）

| みなさんは、どんな目標を
たてますか |

① 4コマまんがを見ましょう。

② どんなお話ですか。

③ あなたは、どんなことをがんばっていきたいですか。思いつくだけ、□の中に書きましょう。

④ 書き出したものの中から、目標とするものを決めて書きましょう。

〈目標〉

1　使用場面　キャリア教育（新学期の目標をつくる）

2　ねらい　新学期の目標を決め、目標に向かって努力しようとする態度を育む。

3　指導例
- プリントを配り、①②の指示、発問をする。
- ③の発問をして、発表させる。
  例「漢字テストで100点を取る。」「足を速くする。」「忘れ物をしないようにする。」
- ④の発問をして、発表させる。目標を書かせる際には、目的と数値を併せて書かせるとよい。
  例「テスト100点を取るために、復習を毎日30分以上やる。」

キャリア教育編

将来どんな職業に

<職業>
・医者　　・タレント
・パイロット　・ミュージシャン
・教師　　・消防士
・スポーツ選手　・警察官

年　　組　名前（　　　　　　　　　　　）

① 4コマまんがを見ましょう。

② どんなお話ですか。

③ 1コマ目の職業の他に、どんな職業があるでしょうか。できるだけたくさん、□の中に書きましょう。

④ 自分だったら、どんな職業につきたいですか。またそれはなぜですか。□の中に書きましょう。

〈将来つきたい職業〉

〈理由〉

1　使用場面　キャリア教育（将来どんな職業に就きたいか考える）
2　ねらい　自分が就きたい職業を考え将来の展望をもつ
3　指導例
　・プリントを配り、①②の指示、発問をする。
　・③の発問をして、発表させる。
　　例「youtuber」「弁護士」「パン屋」
　・④の発問をして、発表させる。理由を書かせる際に、「なぜなら～だからです。」と例文を示すとよい。
　　例「警察官」「なぜなら、世の中の安全を守れる存在になりたいからです。」

キャリア教育編

将来のためには

年　　組　名前（　　　　　　　　　　　）

<将来の夢>

・医者
・パイロット
・漫画家

将来の夢を実現させるには・・・・。

勉強、友達と仲良くする、運動、人の役に立つ。

将来のために、すべきことは何か、考えてみよう！

① 4コマまんがを見ましょう。

② どんなお話ですか。

③ あなたは、将来どんな職業につきたいですか。また、どんな人になりたいですか。□の中に書きましょう。

④ ③で書いたことを実現させるために、今からどんなことができるでしょうか。□に書き出しましょう。

⑤ □に書いたことをもとにして、近くの人と話し合いましょう。

1　使用場面　キャリア教育（将来のために今、何をすべきか考える。）

2　ねらい　将来を見据え、今何をしておくべきか考える。

3　指導例

・プリントを配り、①②の指示、発問をする。

・③の発問をして、発表させる。
　例「消防士」「みんなから頼られる人」

・④の発問をして、発表させる。
　例「勉強を進んでやる。」「体力をつける。」「自分のことは自分でやる。」

・⑤の発問をして、話し合わせる。

119

キャリア教育編

目標とする人は？

年　組　名前（　　　　　　　　）

① 4コマまんがを見ましょう。

② どんなお話ですか。

③ あなたが「すごいな」「すてきだな」「かっこいいな」と思う人はだれですか。有名人でなくてもかまいません。□の中に書きましょう。

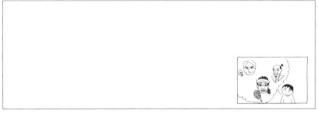

④ ③に書いた中で、特に目標にしたい人はだれですか。一人に決めなくてもかまいません。また理由も書きましょう。

〈目標にしたい人〉

〈理由〉

1　使用場面　キャリア教育（目標とする人物をもつ）
2　ねらい　目標とする人物をもち、理想に向かって努力しようとする態度を育む。
3　指導例
・プリントを配り、①②の指示、発問をする。
・③の発問をして、発表させる。
　例「織田信長」「大坂なおみ」「エジソン」
・④の発問をして、発表させる。理由を書かせる際に、「なぜなら～だからです。」と例文を示すとよい。
　例「エジソン」「なぜなら、何度実験を失敗しても諦めずに努力を続けて成功したからです。」

道徳編　（善悪の判断、自律、自由と責任）

悪口に対して、何て言う？

年　　組　名前（　　　　　　　　　　　　　）

① 　4コマまんがを見ましょう。

② 　どんなお話ですか。

③ 　ますみちゃんは、やよいちゃんに何と言えばよいでしょうか。ふき出しの中に書きましょう。

④ 　「人の悪口を言ってはいけない」と言われます。なぜ悪口を言ってはいけないのでしょうか。（例）を参考に書きましょう。

（例）悪口を言う人は信頼されないから。

1　使用場面　道徳（善悪の判断、自律、自由と責任）

2　ねらい　なぜ人の悪口を言ってはいけないのか理由を考えさせる。

3　指導例
- ワークシートを配布し、①②の指示、発問をする。
- ③では、机間指導の中で「あおいちゃんはわがままに見えるかもしれないけれど、みんなを引っ張って行ってくれるときもあるよ。」など良さを認める意見を見取り、発表させる。
- ④では書かせた後、グループで交流させる。その後、各班1名に発表させて終える。
（例）「悪口は必ず誰かを傷つけるから。」「悪口を言う人は、必ず自分も言われるから。」など。

道徳編　(正直、誠実)

友達の作品をこわしてしまった……

年　組　名前（　　　　　　　　　　）

① 4コマまんがを見ましょう。

② どんなお話ですか。

③ 3コマ目、だいちくんはどんなことを考えているでしょうか。ふき出しに書きましょう。

④ 4コマ目を正しい行動にしましょう。絵や文章で書きましょう。

1　使用場面　道徳（正直、誠実）

2　ねらい　間違いをしてしまったときの正しい行動を考えさせる。

3　指導例

・ワークシートを配布し、①②の指示、発問をする。

・③では吹き出しに書かせる。早く書けた子に発表させ、書けていない子のヒントとする。
（例）「だれかに見られていないかな。」「どうしたらいいのだろう。」

・「だいち君は逃げてしまったようですが、これは正しい行動ですか」「どうすればよかったのか考えましょう」と発問、指示し④を書かせる。（例）「先生に、友達の作品を壊してしまったことを伝えに行く。」「作品を作った子に、壊してしまったことを謝る。」
書かせた後、グループで発表させる。

道徳編 （節度、節制）

学校から帰る途中で

年　組　名前（　　　　　　　　　　）

① 4コマまんがを見ましょう。

② どんなお話ですか。

③ ひろとくんがとるべき、正しい行動はどちらですか。
（　）に〇をつけましょう。

　1)（　　）その場にランドセルを置いて遊ぶ。

　2)（　　）約束を守り、家に帰ってそうじをする。

④ 「夜にやればいいじゃん」と言うりゅうじくんに、ひろとくんは何と言えばよいでしょうか。ふき出しの中に書きましょう。

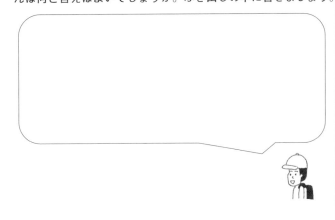

1　使用場面　道徳（節度、節制）

2　ねらい　約束を守り、節度をもって生活する態度を育成する。

3　指導例
・ワークシートを配布し、①②の指示、発問をする。
・③ではどちらかに〇をつけさせ、挙手で確認する。「約束を守らなかったら、どんな困ったことが起きると考えられますか」と発問し、約束を守る理由を考えさせる。
・④で書かせて発表させる。
　（例）「今日は約束があるから、1回帰るね。終わらせたら、一緒に遊ぼう。」
　最後に「やりたいことより、やるべきことを優先させることは大切なことですね」と話して終える。

道徳編 （個性の伸長）

将来の夢は？

年　　組　名前（　　　　　　　　　　　）

① 4コマまんがを見ましょう。

② どんなお話ですか。

③ あなたの将来の夢は何ですか。2、3コマ目を参考にふき出しに書きましょう。

④ 夢を実現するために今がんばっていることや、これからがんばっていくことを（例）を参考に書きましょう。

（例）プログラマーになるため、プログラミングの勉強をしている。
　　　保育士になるため、小さな子が楽しめる遊びを覚える。

1　使用場面　道徳（個性の伸長）

2　ねらい　将来の夢を考える中で、自分の特技や個性を知る。

3　指導例

・ワークシートを配り、①②の指示、発問をする。

・③では「〜が得意なので、〜になりたい。」「〜が好きなので、〜になりたい。」という文型を示し、書かせる。ただし、「〜に憧れているので」「親が〜なので」という書き方でもよいことを伝える。

・④では書かせた後、グループで発表させる。その後、各班1名に発表させる。

道徳編　（希望と勇気、努力と強い意志）

がんばろうという気持ち

年　　組　名前（　　　　　　　　　　）

① 4コマまんがを見ましょう。

② どんなお話ですか。

③ なかなかさか上がりができないまみちゃんは、どんなことを考えているでしょうか。ふき出しに書きましょう。

④ おかあさんにほめられて、まみちゃんはまたがんばろうという気持ちになりました。あなたが今がんばっていることや努力していることを書きましょう。

1　使用場面　道徳（希望と勇気、努力と強い意志）
2　ねらい　あきらめないで、努力を続ける大切さを考えさせる。
3　指導例
　・ワークシートを配り、①②の指示、発問をする。
　・③では、早く書けた子に発表させる。（例）「このままできないのかな。もうやめようかな。」
　・④で「何もない」という児童には「これまで頑張ったことでもよいから書いてみよう」と促す。
　・最後に教師自身が努力してできるようになったことを話す。（例）「先生は子供の頃、跳び箱が苦手でした。でも体育で一生懸命練習してできるようになりました。みなさんも努力を続けていきましょう。」

道徳編 （真理の探究）

偉人から学ぼう

エジソン　発明家
　電球の発明をしている時のインタビューで「私は１回も失敗していない。１万回このやりかたではうまくいかないという発見をしただけ。」と話した。

伊能忠敬　天文学者
　４９歳から天文学を学ぶ。５５歳で日本全国の測量を開始。１７年の年月をかけ、日本地図を作製。歩いた総距離は約地球１周分。

牧野富太郎　植物博士
　独学で植物の知識を身に付ける。命名した植物は１５００種以上『牧野日本植物図鑑』は現在でも研究者必読の書。

年　　組　名前（　　　　　　　　　　　）

① ４コマまんがを見ましょう。

② どんなお話ですか。

③ ３人に共通している生き方は何でしょうか。□の中に書きましょう。

④ ３人の生き方から学んだことを、これからの生活にどのように生かしていこうと思いますか。□の中に書きましょう。

1　使用場面　道徳（真理の探究）

2　ねらい　３人の偉人の生き方を考え、自分の生活に生かそうとする態度を育成する。

3　指導例

・「エジソン」「伊能忠敬」「牧野富太郎」と板書し「知っている人はいますか」と問う。説明させる。

・ワークシートを配布し、①②の指示、発問をする。

・③では□に書かせた後、発表させる。（例）「好きなことをとことん追究する生き方」「１つのことに集中して取り組む生き方」など。

・④ではグループで交流させた後、各班１名に発表させる。（例）「好きなスポーツをこれからも頑張る。」など。

道徳編 （親切、思いやり）

友達に親切にしよう

年　　組　名前（　　　　　　　　　）

① 4コマまんがを見ましょう。

② どんなお話ですか。

③ まさひろくんは、どんなことを考えて黒板けしをしているでしょうか。ふき出しの中に書きましょう。

④ 4コマ目のまさひろくんは、しおりちゃんのお願いを受け入れるべきでしょうか。断るべきでしょうか。どちらかに〇をつけて、理由を書きましょう。

　　私は（受け入れる／断る）べきだと考えます。

　　なぜなら、□□□□□□□□□□

　　□□□□□□□□□□からです。

⑤ 友達に「親切」にすることについてあなたの考えを書きましょう。

1　使用場面　道徳（親切、思いやり）

2　ねらい　友達に親切にすることについて考える。

3　指導例

・ワークシートを配り、①②③の指示、発問をする。③では「友達のためにがんばるぞ」「しおりちゃんの役に立ち、うれしい」など、まさひろくんが役割に対して肯定的な考えであることをおさえる。

・④では「受け入れる人？」「断る人？」と聞き、挙手させる。その後書かせ、班で意見交流をさせる。

・⑤では書かせた後、数名に発表させる。（例）「いつも友達のためにがんばることが親切だ。」「いつでも代わりに役割をするのは親切とは言えない。」

道徳編　（感謝）

しかられてしまったけれど……

年　組　名前（　　　　　　　　　　）

① 4コマまんがを見ましょう。

② どんなお話ですか。

③ なぜ、お父さんは「その人にかんしゃしないとね」とようへいくんに言ったのでしょうか。□の中に書きましょう。

④ あなたのことを考えて、しかってくれた人のことを思い出しましょう。だれに、何としかられたでしょうか。そして、なぜしかったのでしょうか。□の中に書きましょう。

だれに　　　　　　　　　　　　　　

何としかられた　　　　　　　　　　

なぜしかったのだろう

1　使用場面　道徳（感謝）
2　ねらい　自分の事を考えて叱ってくれる人に、感謝の気持ちをもつ。
3　指導例
・ワークシートを配り、①②の指示、発問をする。
・③は書かせた後、数名に発表させる。（例）「走って横断歩道を渡っては危ないから。」「ようへいくんに交通事故にあってほしくないから。」
・④では「叱ってくれる人は、あなたのことを大切に思っています」と話し④を書かせる。「誰に叱られましたか」「何と叱られましたか」と1つずつ発問し書かせていく。数名に発表させて終える。

128

道徳編　（礼儀）

言葉づかいに気をつけよう

年　　組　名前（　　　　　　　　　　　　　　）

① 4コマまんがを見ましょう。

② どんなお話ですか。

③ かずきくんは、どんな言葉でお願いをすればよいでしょうか。ふき出しに書きましょう。

④ あなたがていねいな言葉づかいで話す相手はだれですか。例のようにかじょう書きしましょう。

（例）・学校の先生

1　使用場面　道徳（礼儀）

2　ねらい　場や相手に応じた言葉遣いを考えさせる。

3　指導例

・ワークシートを配布し、①②の指示、発問をする。

・③では「『ねえねえ、ぼくにも教えて』この言い方のどこがよくないのでしょうか」と発問する。「丁寧な言葉遣いをしていない」という発言を取り上げ、③を書かせる。数名に発表させる。

・④を書かせ、列指名で発表させる。「他にありますか」と聞き、さらに発表させる。
（例）「年上の人」「友達」「親戚の人」
「時と場所、そして何より相手に合わせた言葉遣いを考えましょう」と話し、終える。

道徳編 （友情、信頼）

いっしょに行く？ 断る？

年　　組　名前（　　　　　　　　　　　　　）

① ４コマまんがを見ましょう。

② どんなお話ですか。

③ まさのさんは、ちあきさんにどのような返事をしたと思いますか。ふき出しに書きましょう。

④ あなただったらどうしますか。
　1）いっしょに行くか、断るか決めて○でかこみましょう。
　2）理由を□に書きましょう。

　私は（いっしょに行きます。／断ります。）

　なぜなら　　　　　　　　　　　　　　　　　

　　　　　　　　　　　　　　　　　　からです。

1　使用場面　道徳（友情、信頼）

2　ねらい　遊びの人数が増えそうなとき、どのように対応するべきか考えさえる。

3　指導例
・ワークシートを配布し、①②の指示、発問をする。
・③は列指名で数名発表させる。④はグループで交流させる。
・③の例「わかった。一緒に行こう。でも５人だから待つ時間もできるけどいい？」
　　　　「ごめんね。今日は４人で遊ぼうと思っているの。また次の時に一緒に遊ぼう。」
・④の例「私は一緒に行きます。なぜなら断りにくいし、相手もかわいそうだからです。」
　　　　「私は断ります。なぜなら、ほかの３人もバドミントンをする時間が減ってしまうからです。」

道徳編　（相互理解、寛容）

意見の伝え方を考えよう

年　　組　名前（　　　　　　　　　　　）

① 4コマまんがを見ましょう。

② どんなお話ですか。

③ あかりちゃんの発言がきっかけで、けんかになってしまいました。あかりちゃんは、サッカーをしたくないことをどのように言えばよかったでしょうか。ふき出しの中に書きましょう。

④ この学習から学んだ「自分の意見を言うときに気をつけること」を書きましょう。

1　使用場面　道徳（相互理解・寛容）
2　ねらい　自分と違う考えに対して、どのように意見を言うのがよいか考えさせる。
3　指導例
・ワークシートを配布し、①②の指示、発問をする。
・③では「なぜ、たつやくんは怒ったのでしょうか。隣の人と相談しなさい」と指示し、発表させた後、問題を考えさせる。（例）「サッカーを好きな人もいますが、ボールに触れない子もいるので、みんなが楽しめるドッジボールはどうでしょうか。」
・④は書かせた後、数名に発表させる。（例）「相手の意見を受け入れてから、自分の考えを発表する。」

道徳編　（規則の尊重）

子供だけで行ってはいけないのに……

年　　組　名前（　　　　　　　　　　　　　）

① 4コマまんがを見ましょう。

② どんなお話ですか。

③ 3コマ目、しんごくんはどんなことを考えながらゲームをしているでしょうか。ふき出しの中に書きましょう。

④ なぜ「子供だけでゲームセンターに行ってはいけない」というルールがあるのでしょうか。理由を考えて、□の中に書きましょう。

1　使用場面　道徳（規則の尊重）

2　ねらい　ゲームセンターを例に、なぜ規則があるのか考えさせる。

3　指導例

- 「学校には様々ルールがあります。廊下を走らない。下校時はまっすぐ家に帰る。それらのルールには意味があります」と話してからワークシートを配布する。①②の指示、発問をする。
- ③は書かせて数名発表させる。（例）「子どもだけで遊んじゃいけないんだよな。」「ばれなきゃいいか。」
- ④は書かせた後、グループで発表させる。（例）「お金をたくさん使ってしまうから。」「お金の貸し借りをしてしまいそうだから。」など。その後、今クラスの全員に守ってほしいルールを、教師が1つ話す。

道徳編 （公正、公平、社会正義）

あなたにできることは？

年　　組　名前（　　　　　　　　　　）

① 4コマまんがを見ましょう。

② どんなお話ですか。

③ みわちゃんは、あかねちゃんに声をかけることにしました。どんな声をかけたらよいでしょうか。ふき出しに書きましょう。

④ クラスの子が仲間外れにされているとき、あなたには何ができるでしょうか。（例）のようにかじょう書きで書きましょう。

（例）・「いっしょに遊ぼう」と声をかける。
・
・

1　使用場面　道徳（公正、公平、社会正義）

2　ねらい　仲間外れにされている子にどのように対応するか考えさせる。

3　指導例

・ワークシートを配り、①②の指示、発問をする。

・③では、早く書けた子から発表させ、書けていない子へのヒントにする。（例）「ねえ、あかねちゃん。次の休み時間に一緒に外で遊ばない？」「何か困っていることがあるの？」

・④では書かせた後、列指名で発表させる。「他に意見はありますか」と聞き、さらに発表させる。「仲間外れにされている子を見かけたら、今日考えたことをぜひ実践してください」と話して終える。

道徳編 （勤労、公共の精神）

みんなのために活動しよう

年　　組　名前（　　　　　　　　　　　）

① 4コマまんがを見ましょう。

② どんなお話ですか。

③ 3コマ目のともきくんがとるべき行動はどちらですか。
　（　）に〇をつけましょう。

　1）（　）そうじをやめてサッカーをする。
　2）（　）そうじを終えてからサッカーをする。

④ 「だれかがやってくれるよ」と言うゆうきくんに、ともきくんは何と言えばよいでしょうか。ふき出しに書きましょう。

⑤ 地域の清掃など、みんなのために活動した、働いた経験を思い出して書きましょう。

1　使用場面　道徳（勤労、公共の精神）
2　ねらい　自分のためだけでなく、他者のために活動する、働くことの大切さを考えさせる。
3　指導例
　・ワークシートを配り、①②③の指示、発問をする
　・④では、机間指導をする中で早く書けた子に発表させる。書けていない子へのヒントとする。
　　（例）「僕だけが遊びに行くことはできないよ。終わったら一緒にサッカーをしよう。」
　・⑤では地域の活動のほかに、ゴミ出しや委員会活動など、家庭・学校における活動を書いてもよいことを伝える。「自分のためでなく、誰かのために活動できるのは素晴らしいですね」と話して終える。

道徳編　（家族愛、家庭生活の充実）

家族っていいな

お母さんは、おいしい料理を作ってくれる。

お父さんは、休日に一緒にお出かけをしてくれる。

お兄ちゃんは一緒にゲームをしてくれる。

私は家族のために、何ができるのだろう？

年　　組　名前（　　　　　　　　　　　）

① 4コマまんがを見ましょう。

② どんなお話ですか。

③ 家族はあなたのために何をしてくれているでしょうか。例を参考に□の中に書きましょう。

（例）　お母さん　は　おいしい料理を作ってくれる。

　　　　　　　　　　は

　　　　　　　　　　

　　　　　　　　　　は

　　　　　　　　　　

④ あなたは家族のために何ができる（何をしている）でしょうか。例を参考にかじょう書きしましょう。

（例）・毎日おふろそうじをしている。
・
・

1　使用場面　道徳（家族愛・家庭生活の充実）
2　ねらい　自分が家族のために何ができる（何をしている）のか考える。
3　指導例
・ワークシートを配り、①②の指示、発問をする。
・③は配慮すべき家庭もあるので、ここは列指名などせず、挙手、指名の流れで発表させる。
・④で書くことが思いつかない児童には「家でお手伝いをしていることでいいんだよ」と助言する。グループで交流させた後、各班1名に発表させる。

道徳編　（より良い学校生活、集団生活の充実）

あなたのクラスの良いところは？

年　　組　名前（　　　　　　　　　　　）

① 4コマまんがを見ましょう。

② どんなお話ですか。

③ あなたのクラスの良いところを、2コマ目を参考に□の中にかじょう書きしましょう。

-
-
-

④ ③で考えたことや、発表されたことの中から1番良いところを選んで、3コマ目を参考にふき出しの中に書きましょう。

---

1 使用場面　道徳（より良い学校生活、集団生活の充実）

2 ねらい　クラスの良いところを考える

3 指導例
- ワークシートを配る前に「この前の運動会、みんなで協力して大成功でした。1つのことに全員で頑張れるのは、このクラスの良いところだと先生は思います」など教師から話す。
- ③は書かせた後、発表させる。教師は板書し、④で多様な意見の中から選べるようにする。
- ④は時間があれば全員に発表させる。もしくはグループで交流させた後、各班1人に発表させる。

道徳編　（伝統と文化の尊重）

おせち料理の意味は？

年　　組　名前（　　　　　　　　　）

① 4コマまんがを見ましょう。

② どんなお話ですか。

③ 次の料理には、どんな意味がこめられているか考えて、□の中に書きましょう。

えび

だて巻き

こぶ巻き

1　使用場面　道徳（伝統と文化の尊重）
2　ねらい　おせち料理に込められた意味を知る。
3　指導例
・おせち料理の画像を見せ、食べたことがある料理を問う。シートを配布し、①②の指示、発問をする。
・「3コマ目を見なさい」と指示する。料理名とその意味を教師が読み、続けて子どもにも読ませる。
・③ではえび、だて巻き、こぶ巻きの意味を考えさせ、枠に書かせる。それぞれの画像を提示するとよい。数名に発表させ、解を言う。
えび→腰が曲がっているような見た目から長寿を願う。**だて巻き**→巻物に似ていることから知識が増えることを願う。**こぶ巻き**→「よろこぶ」という縁起物。

道徳編　（国や郷土を愛する態度）

日本の良さを考えよう

日本の良いところを考えよう

ぼくは、料理がおいしいところが1番の良さだと思います。和食はおいしくてヘルシーなので、世界でも有名だからです。

年　　組　名前（　　　　　　　　　）

① 4コマまんがを見ましょう。

② どんなお話ですか。

③ 日本の良いところを考えて、□にかじょう書きしましょう。
2、3コマ目のイラストを参考にしてもよいです。

-
-
-

④ 次のことについて□に書きましょう。
1) ③で書いた中から日本の1番の良さを選びましょう。
2) なぜそれが、日本の1番の良さだと考えたのか、4コマ目を参考に理由を書きましょう。

1）

2）

1　使用場面　道徳（国や郷土を愛する態度）

2　ねらい　日本の良さを様々考えさせる。

3　指導例

・ワークシートを配布し、①②の指示、発問をする

・③のイラストは富士山（風景）、和食、城（建物）、四季、時間に正確、掃除（町がきれい）、書道（伝統文化）、漫画を表している。「イラストは日本のどんな良さを表していますか」と発問し、考えさえる。箇条書きで書かせた後、隣同士発表させる。

・④では書かせた後、グループで交流させる。その後、各班1名に発表させ「日本には良いところがたくさんありますね」と話して学習を終える。

道徳編　（国際理解、国際親善）

外国から転入生が来た！

年　　組　名前（　　　　　　　　　　　）

① 4コマまんがを見ましょう。

② どんなお話ですか。

③ 日本語がわからないと、学校生活において困ることは何でしょうか。（例）を参考にかじょう書きしましょう。

> （例）・次に何の授業が始まるのかわからない。
> ・
> ・

④ クラスに日本語がわからない転入生が来たとき、あなたにできることは何でしょうか。（例）を参考に、ふき出しの中に書きましょう。

（例）教科書を見せるなどして、次の授業が何であるか伝える。

1　使用場面　道徳（国際理解、国際親善）

2　ねらい　外国から来た転入生に対して、自分は何ができるのか考えさせる。

3　指導例
- ①②の指示、発問をした後で「公立学校（小、中、高、特支学校）に在籍する日本語指導を必要とする（日本語がわからない）児童生徒数は平成28年約45000人。10年前より約1.5倍増加している」と説明する。「自分に何ができるか考えましょう」と言って、③の指示をする。③例「先生の話が分からない。」「教室移動の際、どこへ行ってよいかわからない。」など。
- ④は書かせた後、グループで交流させる。各班1名に発表させる。（例）「教室移動で一緒に行く。」

道徳編　（生命の尊さ）

どうして命を大切にするのだろう？

年　　組　名前（　　　　　　　　　　）

① 4コママンがを見ましょう。

② どんなお話ですか。

③ あなたは「どうして命を大切にしなければいけないのか」と質問されたらどう答えますか。ふき出しの中に書きましょう。

④ 友達の発表を聞いて、「なるほどな。よい考えだな」と思った意見を2つ書きましょう。

1　使用場面　道徳（生命の尊さ）

2　ねらい　命を大切にする理由を考えさせる。

3　指導例

・ワークシートを配り、①②の指示、発問をする。

・③では書けた子から発表させ、書けていない子へのヒントとする。「発表された中で『自分もそう思う』と思った意見を書いてもよいですよ」と伝える。（例）「失ったら、2度と取り戻せないから。」「命を失ってしまったら、家族が悲しむから。」

・④では「よいと思った考えを2つメモします」と告げ、グループで交流させる。

道徳編 （自然愛護）

植物を大切にするとは？

年　　組　名前（　　　　　　　　　　　）

まきちゃんは、家で花を育てています。

日曜日、まきちゃんは家族でピクニックに行きました。

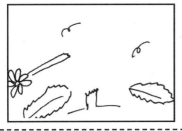

① 4コマまんがを見ましょう。

② どんなお話ですか。

③ まきちゃんはどんな気持ちでお花に水をあげているでしょうか。ふき出しに書きましょう。

④ お花が大好きなまきちゃんですが、これから気をつけることがありそうです。どんなことに気をつけていけばよいか考えて□に書きましょう。

1　使用場面　道徳（自然愛護）
2　ねらい　自然の植物を大切にする心を育てる。
3　指導例
・ワークシートを配り、①②の発問をする。
・③では、早く書けた子から発表させ、書けていない子へのヒントとする。
　例「もっと大きく育つといいな。」「かれるまで、きちんとお世話をしよう。」など。
・④は書かせた後、列指名をして発表させる。「他の意見はありますか」と聞き、さらに発表させる。
　例「育てている花以外も大切にする。」「自然の中を歩くときは、植物を踏まないように気を付ける。」

道徳編　（感動、畏敬の念）

「きれいだなあ」と思った景色

年　　組　名前（　　　　　　　　　　　）

① 4コマまんがを見ましょう。

② どんなお話ですか。

③ あなたが「きれいだなあ」と思った景色について、ふき出しの中に書きましょう。

④ あなたが見てみたい景色について□に書きましょう。
（例）夜空に広がるオーロラを見てみたい。

1　使用場面　道徳（感動、畏敬の念）

2　ねらい　美しく、感動した景色を想起させる。

3　指導例

・ワークシートを配布し、①②の指示、発問をする。可能なら、海や夕陽のきれいな景色を提示する。

・③では2、3コマ目を参考に、「いつ、どこで、何を見たのか」を書かせる。「〜のときに、〜から見た〜がきれいでした」と文型を示してもよい。班で発表させる。

・④は書けた子から発表させる。「発表が終わったら、あと1つ書きましょう」と指示する（時間調整）。

道徳編 (より良く生きる喜び)

谷真海(たにまみ)さんから学ぶ

年　組　名前（　　　　　　　　　　　）

大学生の時、骨肉腫（こつにくしゅ）になる。右足ひざ下を切断する。

走り幅跳びでパラリンピックに出る。

水泳 750m　自転車 20km　マラソン 5km
パラトライアスロンに挑戦中

谷真海さん。パラリンピックに選手として出場。2020年東京オリンピック、パラリンピック招致に深く関わる。各地で講演会なども行っている。

① 4コママンガを見ましょう。

② どんなお話ですか。

③ 病気のちりょうのため右足ひざ下を切断しなくてはならないと言われたら、あなたはどんな気持ちになるでしょうか。□の中に書きましょう。

④ 谷真海さんの生き方で「素晴らしいな、見習いたいな」と思うところを□の中に書きましょう。

⑤ 今日の学習で学んだことを自分の生活にどのように生かしていきますか。□の中に書きましょう。

1　使用場面　道徳（より良く生きる喜び）

2　ねらい　谷真海さんの生き方から、何事にもくじけず、努力をし続ける大切さを学ぶ。

3　指導例
- 骨肉腫とは骨内にがん細胞が生じる病気である。抗がん剤による治療を行う。
- ①②③④の指示、発問をする。④（例）「どんな時もあきらめない生き方」「何事にも挑戦する生き方」。発表させた後、義足をつけて練習している画像を見せる（事前にインターネットで検索しておく）。
- ⑤は書かせた後、数名に発表させる。（例）「苦しいときでも、自分を信じて努力を続けていきたい。」「中学校で部活に入り新しいことに挑戦したい。」

執筆者一覧

編著　村野　聡

辻野　裕美	各部 NG 場面	大阪府公立学校教員
村野　聡	p.11〜p.28、p.81、p.109	東京都公立学校教員
田中　悠貴	p.29〜p.34	東京都公立学校教員
樋川　雅乃	p.35〜p.42	東京都公立学校教員
中島　詳子	p.45〜p.56	東京都公立学校教員
君島幸紀子	p.57〜p.68	東京都公立学校教員
友野　元気	p.69〜p.74	東京都公立学校教員
大谷　貴子	p.75〜p.80	東京都公立学校教員
谷口　大樹	p.82〜p.92、p.95〜p.99	東京都公立学校教員
植木　和樹	p.100〜p.108	東京都公立学校教員
小島　庸平	p.110〜p.120	東京都公立学校教員
保坂　雅幸	p.121〜p.143	東京都公立学校教員

〈編著者紹介〉

村野 聡（むらの・さとし）

1963年　東京都生まれ
現在、国立市立国立第六小学校主幹教諭
TOSS青梅教育サークル代表
東京向山型社会研究会所属

【単著】
『二百字限定作文で作文技術のトレーニング』（1996）
『作文技術をトレーニングする作文ワーク集』（1999）
『クロスワードで社会科授業が楽しくなる！』（2005）
『社会科「資料読み取り」トレーニングシート』（2008）
『社会科「重点指導事項」習得面白パズル』（2009）
『新版　社会科「資料読み取り」トレーニングシート５年編』（2010）
『新版　社会科「資料読み取り」トレーニングシート６年編』（2010）
『「ピンポイント作文」トレーニングワーク』（2012）
『ピックアップ式作文指導レシピ33』（2014）
〔以上、明治図書〕
『子どもが一瞬で書き出す！"４コマまんが"作文マジック』（2017）
『200字ピッタリ作文 ★指導ステップ＆楽しい題材テーマ100』（2018）
『"うつす・なおす・つくる"の３ステップ　スラスラ書ける作文ワーク厳選44』（2018）
〔以上、学芸みらい社〕

【共著・共編著】
『イラスト作文スキル　高学年』（2004）
『新版　社会科「資料読み取り」トレーニングシート３・４年編』（2010）
〔以上、明治図書〕
『イラスト版　通常学級での特別支援教育　授業づくり・学級経営場面でパッとできる支援100』（2018）
『新道徳授業が10倍イキイキ！　対話型ワークシート題材70』（2019）
〔以上、学芸みらい社〕

４コマまんがで考える
学級モラル・教室マナーのルールBOOK

2019年5月10日　初版発行

編著者　村野　聡
発行者　小島直人
発行所　株式会社 学芸みらい社
　　　　〒162-0833 東京都新宿区箪笥町31 箪笥町SKビル
　　　　電話番号 03-5227-1266
　　　　http://www.gakugeimirai.jp/
　　　　e-mail : info@gakugeimirai.jp
印刷所・製本所　藤原印刷株式会社
企画　樋口雅子　　校正　大場優子
装丁デザイン　小沼孝至

落丁・乱丁本は弊社宛てにお送りください。送料弊社負担でお取り替えいたします。
©Satoshi Murano 2019 Printed in Japan
ISBN978-4-909783-10-3 C3037

学芸みらい社の好評既刊
日本全国の書店や、アマゾン他のネット書店で注文・購入できます!

イラスト版
通常学級での特別支援教育

村野聡・千葉雄二・久野歩
井手本美紀イラスト

**授業づくり・学級経営場面で
パッとできる支援100**

300枚の動画的作品!
教室での支援を動線化したイラスト
どこで何をやれば良いか一目で
早わかり!

全ページにビジュアルイラスト
◎教室の机で1m^{2}をつくる方法
◎片付けの苦手な子のお助け袋 etc

**すぐに役立つ
支援アイデア大集合!**

・A5判ソフトカバー
・208ページ
・定価:2200円+税

学芸みらい社の新刊

日本全国の書店や、アマゾン他のネット書店で注文・購入できます！

新道徳授業が10倍イキイキ！
対話型ワークシート題材70
―全単元評価語一覧付き―

村野聡・保坂雅幸 編著

A5判並製152ページ ソフトカバー
定価：本体2000円＋税

目 次

教材のユースウェア ― 本書の使い方ポイント

第1章　低学年の新道徳で使える「ワークシート」
　　自分自身に関すること
　　人との関わりに関すること
　　集団や社会との関わりに関すること
　　生命や自然、崇高なものとの関わりに関すること

第2章　中学年の新道徳で使える「ワークシート」

第3章　高学年の新道徳で使える「ワークシート」

ワークシートは低・中・高別で
A 自分自身に関すること
B 人との関わりに関すること
C 集団や社会との関わりに関すること
D 生命や自然、崇高なものとの
　　関わりに関すること

の4項目ごとに題材例を提示

村野 聡 著作 ——————— 予告編

どのページも「すぐ使える本」として
全国の教師から圧倒的支持

予告編ラインナップ

1 今、教師としてどう生きるか
— 子ども・仲間とつながる SNS 発信のヒミツ

今、教職志願者が全国的に激減。ニュースを見ていると
ツライ職業の代表格？いえいえ、この村野ダイアリーの
如く教師生活 100% 満タン充実できるのだ。

2 "国語つまづき・誤答"には法則がある
— 「私わ→私は」をどう教える— 事例 50

話し言葉と書き言葉の表記でのつまずき例や、「つまづき」
か「つまずき」か？現代語の変化、長音・拗音・促音・撥
音の表記アイデアなど、おさえどころを紹介。

3 国語教科書から面白発問クイズ
— AL 的授業にぴったりネタ 100—

教師の資質能力の基本は「教科書を使いこなす指導力だ」
といわれている。教科書の表記からくり出す Q をはじめ、
トビラの詩、デジタル教材との融合 Q など事例豊富。

4 子どもも夢中 基礎基本知識の面白すごろく
— これなら覚えれる？エピソード 50

遊び心のある勉強なら大キライな子はいない！子どもが夢
中になるゲーム感覚で小学校在学中に必ず習得させるべき
基礎基本知識を、すごろくに入れ込み紹介。

5 子どもがどんどん書く日記指導
— 授業と連動させるヒント？

毎日やったことしか子供の本当の力にはならない。日記も
同様である。しかし、習慣になるまでは面倒と敬遠しがち。
そこを授業と連動させると、あら不思議が起こる！